Vernetzte Sicherheit – Quo Vadis?

Fouzieh Melanie Alamir

Standpunkte und Orientierungen: Band 4
Herausgegeben von Uwe Hartmann

Vernetzte Sicherheit – Quo Vadis?

Fouzieh Melanie Alamir

2015

Carola Hartmann Miles-Verlag

CIP-Kurztitelaufnahme der Deutschen Nationalbiblio-
thek: Fouzieh Melanie Alamir, Vernetzte Sicherheit –
Quo Vadis?, Berlin 2015.

Carola Hartmann Miles-Verlag, Berlin 2015
ISBN 978-3-945861-05-9

© Carola Hartmann Miles-Verlag,
George-Caylay-Str. 38, 14089 Berlin
(email: Miles-Verlag@t-online.de;
www.miles-verlag.jimdo.com)

Titelbild: Miles-Verlag

Herstellung: Books on Demand, Norderstedt

Inhaltsverzeichnis

Ein Konzept macht Karriere

Kaum ein sicherheitspolitisches Konzept hat in den vergangenen zwei Dekaden eine vergleichbare Karriere gemacht wie das der Vernetzten Sicherheit, während es zugleich so wenig greifbar und hinter den Erwartungen, die es weckte, weit zurückgeblieben geblieben ist. Bemerkenswert ist, wie ,Vernetzte Sicherheit' von einem normativen Konzept aus verteidigungspolitischen Fachdiskussionen zu einer programmatischen Leitidee deutscher Sicherheitspolitik avanciert ist. Anders als der Begriff der ,erweiterten Sicherheit', der Anfang der neunziger Jahre einen Paradigmenwechsel im Sicherheitsdenken anzeigte, aber lange Zeit auf die sicherheits- und verteidigungspolitische Domäne beschränkt blieb, ist ,Vernetzte Sicherheit' innerhalb weniger Jahre auch in wissenschaftlichen, innen-, außen und entwicklungspolitischen Debatten aufgegriffen und etabliert worden. Heute ist das Bekenntnis zum einem vernetzten Ansatz in der Außen-, Sicherheits- und Entwicklungspolitik Bestandteil eines Grundkonsenses über Parteigrenzen hinweg und findet sich in zentralen programmatischen Grundlagendokumenten der Bundesregierung oder einzelner Ressorts. Diese Karriere erfolgte unbeschadet der Tatsache, dass es bis heute kein einheitliches Verständnis darüber gibt und niemand genau weiß, was ,Vernetzte Sicherheit' eigentlich sein soll – beschreibt es eine Qualität von politischen Entscheidungsprozessen, einen Modus der Umsetzung von Politik oder schlicht den Umstand, dass die sicherheitspolitische Welt komplex ist und politische Antworten dieser Komplexität gerecht werden müssen?

Mit der Verbreitung des Begriffs im deutschen außen- und sicherheitspolitischen Diskurs nahm auch seine inhaltliche Unschärfe zu, die durch die oftmals synonyme Verwendung mit Konzepten aus der internationalen Diskussion wie ‚Comprehensive Approach' oder ‚Whole of Government' noch verstärkt wurde. Außerdem überlappen sich normative, deskriptive und operative Dimensionen von ‚Vernetzter Sicherheit' oftmals, ohne dass das kenntlich gemacht wird. Die inflationäre Verwendung des Begriffs hat die normative Qualität erheblich verwässert und damit die ursprüngliche Attraktivität des Konzepts deutlich geschwächt. Die Debatte um ‚Vernetzte Sicherheit' bediente und bedient aber vor allem politische Interessen. Dieser Aspekt ist bislang aus der Diskussion weitgehend ausgeblendet worden. Wird das Konzept vor diesem Hintergrund den deutschen Außen- und Sicherheitspolitikdiskurs auch künftig beeinflussen? Wie wird es sich in der Praxis niederschlagen? Quo vadis Vernetzte Sicherheit'?

Das vorliegende Buch geht diesen Fragen nach und versucht Antworten zu geben. So zeichnet es im ersten Kapitel die erstaunliche Karriere des Begriffs der ‚Vernetzten Sicherheit' nach und zeigt auf, wie der Begriff gängig verwendet wird, wie er von anderen Termini abzugrenzen ist, woher das Konzept ideengeschichtlich kommt und wie es sich weiter entwickelt hat. Auch wird hier eine Definition vorgeschlagen, die die normative Dimension von ‚Vernetzter Sicherheit' wieder in den Mittelpunkt stellt. Im zweiten Kapitel wird die eingangs skizzierte Karriere des Konzepts in der deutschen außen- und sicherheitspolitischen Debatte näher beleuchtet und aufgezeigt, welche Funktionen das Konzept in unterschiedlichen politischen Kontexten besaß und wie mit diesem Funktionswandel auch inhaltliche Verschiebungen der Bedeutung von ,Vernetzter Sicherheit' einhergingen. Das dritte Kapitel reflektiert zivile und militärische Beiträge zu Peacebuilding-Prozessen in systematischer Perspektive und stellt die Abgrenzbarkeit ziviler und militärischer Handlungsfelder auf den Prüfstand. Im vierten Kapitel wird die Zukunft ,Vernetzter Sicherheit' in Afghanistan auf Grundlage einer Bestandsaufnahme zivil-militärischen Schnittstellenmanagements reflektiert. In den Schlussbetrachtungen werden eine Gesamtbewertung und ein Ausblick auf die mögliche Zukunft ,Vernetzter Sicherheit' vorgenommen.

Kapitel 1

Vernetzte Sicherheit – Versuch, den Pudding an die Wand zu nageln

Vernetzung als Antwort auf zunehmende Komplexität

Ausgangs- und Bezugspunkt von ‚Vernetzter Sicherheit' ist das Phänomen der zunehmenden Komplexität und Interdependenz von Risiken und Bedrohungen in einer Welt, in der Menschen, Güter und Informationen infolge der Globalisierung immer schneller über politische, geografische und kulturelle Grenzen hinweg miteinander interagieren bzw. ausgetauscht werden. Während wir als Bürger/-innen und Konsument/-innen ein Zusammenrücken der Welt vielfach als positiv erleben, wird ein an langfristigen Zielen ausgerichtetes politisches und ökonomisches Handeln immer schwieriger, weil es eine zunehmende Zahl von Einflussfaktoren zu berücksichtigen hat, deren Ursprünge und Dynamiken kaum mehr analytisch zu fassen und in ihren Wechselwirkungen zu kalkulieren sind. Dies gilt besonders für die Fähigkeit von Gesellschaften zur Prävention, Abwehr und Bekämpfung von Risiken und Bedrohungen ihrer ökonomischen, sozialen und politischen Ordnung – also kurz für das Politikfeld, das gemeinhin als Sicherheitspolitik bezeichnet wird. Globalisierung als primär ökonomisch und technologisch induziertes Phänomen entstand zwar schon zu Zeiten des Kalten Krieges, hat sich aber durch den Zusammenbruch der bipolaren Weltordnung erst voll entfaltet, vor allem in ihren politischen und kulturellen Dimensionen. Daher setzten Diskussionen über veränderte Risiko- und Bedrohungslagen, die schließlich in einem erweiterten Sicherheitsverständnis mündeten, erst mit Ende des Kalten Krieges ein.[1]

Während Sicherheitspolitik zu Zeiten der Ost-West-Konfrontation in erster Linie mit den militärischen Fähigkeiten zur Durchsetzung strategischer Ziele im Rahmen der Systemkonkurrenz befasst war, ist sie heute amorpher und ist viel stärker mit politischen, ökonomischen, sozialen, ökologischen oder kulturellen Handlungsfeldern verwoben. Im selben Atemzug ist der übergeordnete, ironischerweise auch sinnstiftende Zusammenhang der bipolaren Weltordnung verloren gegangen und hat einer Orientierungslosigkeit mit Blick auf das Zivilisationsmodell Platz gemacht, die mittlerweile auch den traditionellen Westen als vermeintlichen Sieger aus der Ost-West-Konfrontation erfasst hat. Das erschwert das Geschäft der Sicherheitspolitik zusätzlich, denn ihr Gegenstand wurde

---

[1] Über die veränderten Rahmenbedingungen für Sicherheitspolitik und neue Risiken und Bedrohungslagen ist seit Anfang der neunziger Jahre unübersehbar viel geschrieben worden, auch in Deutschland. Die Kernerkenntnisse gehören mittlerweile zum Gemeingut im sicherheitspolitischen Diskurs und sollen deshalb hier nicht mit Literaturverweisen versehen werden. An dieser Stelle sei daher nur auf ein Referenzwerk verwiesen, das die Perzeptionen aus den neunziger Jahren widerspiegelt, noch vor 09/11: Bundesakademie für Sicherheitspolitik (Hg): Sicherheitspolitik in neuen Dimensionen. Kompendium zum erweiterten Sicherheitsbegriff, Mittler Verlag, Hamburg 2001, gefolgt von dem gleichnamigen Ergänzungsband 1, der auch beim Mittler Verlag in 2004 erschienen ist.

komplexer, während ihr eigener normativ-ordnungspolitischer Bezugsrahmen poröser geworden ist.

Diese Entwicklungen haben dazu geführt, den klassisch militärisch akzentuierten Sicherheitsbegriff zu erweiterten. Sicherheitspolitik ist nicht mehr primär auf die Verteidigung und die militärische Abwehr von Gefahren ausgerichtet, sondern hat eine stärker gestaltende und präventive Grundausrichtung erfahren. In der internationalen sicherheitspolitischen Debatte hat der erweiterte und an Kooperation orientierte Sicherheitsbegriff Anfang der neunziger Jahre Einzug gehalten. Ausdruck davon waren die Charta von Paris 1990, das strategische Konzept der NATO von Rom 1991 oder die Gipfelerklärung der Konferenz über Sicherheit und Zusammenarbeit in Europa (KSZE) von Helsinki 1992. Der bundesdeutsche sicherheitspolitische Diskurs hat dem im Verteidigungsweißbuch von 1994 Rechnung getragen. Vielfach war in den „euphorischen" Jahren nach Ende des Kalten Krieges von erweiterter Sicherheit die Rede, ohne die Tragweite, Implikationen und Herausforderungen bereits antizipieren zu können, die dieses Denken in der Praxis mit sich bringen würde.

Ernüchterung brachten in 1994 der nicht verhinderte Genozid an Tutsi in Ruanda und das internationale Scheitern in Somalia sowie das gewaltsame Auseinanderbrechen Jugoslawiens in 1995. Während sich internationale Friedensbemühungen schon auf dem Balkan, aber auch in einigen afrikanischen Konfliktherden wie Angola oder Zaire/DR Kongo extrem langwierig und schwierig gestalteten, begaben sich nach den Terrorangriffen auf die USA von 09/11 US-geführte Koalitionen in zwei weitere herausfordernde Engagements in Afghanistan (Ende 2001) und Irak (2003).

Schon auf dem Balkan war die mangelnde Koordination der verschiedenen zivilen, militärischen und polizeilichen Handlungsstränge und vielen staatlichen und nichtstaatlichen Akteure deutlich geworden. Aber erst in Afghanistan erreichten das Ausmaß und die Reichweite internationaler Unterstützung sowie die Anzahl internationaler Akteure eine bis dato nicht gekannte Größenordnung, die unweigerlich Fragen nach Kohärenz und Schnittstellenmanagement zwischen den involvierten Akteuren auf den Plan riefen.

‚Vernetzte Sicherheit' stellte in dieser Perspektive eine Weiterentwicklung und vor allem eine praktische Wendung des erweiterten Sicherheitsbegriffs dar. Abholpunkt war hierbei die Frage, wie der Komplexität sicherheitspolitischer Herausforderungen, besonders in internationalen Friedenseinsätzen, mit den vorhandenen Mitteln und Strukturen besser begegnet werden könne. Es ging also – abstrakt gesprochen – um die Effektivität und Effizienz des Zusammenwirkens von Strategien, Konzepten, Prozeduren und Instrumenten von Institutionen und Akteuren im Rahmen ihrer sicherheitspolitischen Ziele und Aufgaben, besonders bei Stabilisierung und Friedenskonsolidierung. ‚Vernetzte Sicherheit' war in diesem Sinne sowohl ein normatives Konzept, ein praktisches Leitmotiv, als auch ein Sammelbegriff für verschiedene Formate und Verfahren der organisationsübergreifenden Zusammenarbeit in der Sicherheitspolitik.

,Vernetzung' als Antwort auf Komplexität bezieht sich auf unterschiedliche Handlungsebenen. Dies ist wichtig herauszustellen, weil deren Vermengung bzw. undifferenzierte Gleichsetzung maßgeblich dazu beigetragen haben, dass der Begriffsinhalt von ,Vernetzter Sicherheit' heute so verschwommen ist.

,Comprehensive Approach' auf der internationalen Handlungsebene

So bezieht sich Vernetzung zunächst auf die internationale Handlungsebene, die Staaten, internationale bzw. supranationale Organisationen sowie Nichtregierungsorganisationen (NRO) und sonstige Akteure umfasst, die an der Prävention und Bewältigung internationaler Krisen und Konflikte beteiligt sind. Hier sind Fragen der Kohärenz von Zielen und Strategien, von Mandaten, Rollen und Zuständigkeiten, oder der Abstimmung in der Sequenz und hinsichtlich der Wechselwirkungen von Maßnahmen ebenso angesprochen wie operative Aspekte, etwa gemeinsame Lagebilder, Fragen des Informationsaustausches oder zivilmilitärischen Zusammenwirkens. Im internationalen sicherheitspolitischen Diskurs hat sich hierfür der Begriff des ,Comprehensive Approach' etabliert; vielfach wird ,Vernetzte Sicherheit' in Deutschland synonym gebraucht. Zur begrifflichen Verwirrung trägt bei, dass ,Comprehensive Approach' sich auf alle Ebenen von der politisch-strategischen (internationale Organisationen, Hauptstädte, Hauptquartiere) bis hin zur taktischen Ebene (Vertretungen vor Ort, Implementierungsorganisationen) bezieht, wobei die sehr unterschiedlich gelagerten Herausforderungen und Arbeitsbedingungen der verschiedenen Ebenen durch denselben Terminus abgedeckt werden.

Der Begriff des ‚Comprehensive Approach' wurde in der NATO entwickelt und geht zurück auf die militärische Debatte um wirkungsorientiertes Planen und Handeln (Effects Based Approach to Operations, EBAO), in der erstmals die Interdependenzen zwischen zivilen und militärischen Instrumenten und ihren Wirkungen systematisch beleuchtet wurden. Während das Konzept der ‚Effects Based Operations' (EBO) ursprünglich von der US-Luftwaffe entwickelt wurde[2], erhielt es schon wenige Jahre später mit Blick auf die Herausforderungen der NATO in internationalen Friedenseinsätzen hohe Aufmerksamkeit und wurde im Rahmen von militärischer Konzeptentwicklung und Experimentierung (Concept Development and Experimentation, CD&E) weiter entwickelt zum EBAO, der auch Eingang fand in nationale militärische Doktrinentwicklungen. Das Konzept ‚EBAO', das nur die militärische Seite abbildete, wurde zum ‚Comprehensive Approach' weiter entwickelt, indem der Fokus auf eine gesamtstaatliche Perspektive erweitert wurde.

Die Comprehensive Political Guidance (CPG) von November 2006 benannte als erstes politisches Dokument der NATO explizit die Notwendigkeit zur umfassenden organisationsübergreifenden Zusammenarbeit im internationalen Krisenmanagement[3]. Der

---

[2] Paul K. Davis: Effects Based Operations. A Grand Challenge for the Analytical Community, RAND, Santa Monica 2001.

[3] ‚Internationales Krisenmanagement' wird in diesem Papier als Obergriff für die Gesamtheit aller internationalen Maßnahmen in

NATO-Gipfel in Bukarest im April 2008 etablierte das Konzept im Abschlusskommuniqué und schließlich fand er auch im neuen strategischen Konzept der NATO von November 2010 Eingang.

Es gibt keine gängige Definition des Begriffs in der NATO und er wird, je nach Standpunkt, unterschiedlich weit interpretiert. Je nach Auslegung bezeichnet ‚Comprehensive Approach' die „internationale Gemeinschaft" schlechthin, die Gesamtheit aller Truppensteller und Geber im politischen Sinne, alle zivilen und militärischen Akteure im instrumentellen Sinne, oder auch nur ein nicht näher spezifiziertes Zusammenwirken von Militär und zivilen Akteuren. Die ambitionierte Interpretation fand in der NATO jedoch zu keinem Zeitpunkt politischen Konsens, weil sie u.a. die Frage nach dem Aufbau eigener ziviler Kapazitäten der NATO aufwarf. In der Praxis, so z.B. in der Zusammenarbeit zwischen der NATO und zivilen Organisationen, wird der Begriff des ‚Comprehensive Approach' auf ein abgestimmtes Vorgehen unter zivilen und militärischen Akteuren im Einsatzland reduziert.

Reaktion auf sicherheitspolitisch relevante Krisen und Konflikte verwendet. Im einzelnen wird *Peacebuilding* (Friedenskonsolidierung) verstanden als Summe aller zivilen und militärischen Maßnahmen zur Schaffung struktureller Bedingungen für Konflikttransformation und dauerhaften Frieden. Dieser Begriff ist abzugrenzen von *Peacekeeping* (Friedenserhaltung), das militärische Maßnahmen zur unmittelbaren Umsetzung von Friedensabkommen beschreibt, und *Peace Enforcement* (Friedenschaffung), welches Zwangsmaßnahmen zur Wiederherstellung von Sicherheit und Bedingungen für längerfristigen Frieden beinhaltet.

,Whole of Government' auf der nationalstaatlichen Handlungsebene

Um die Notwendigkeit kohärenten Handelns unter nationalstaatlichen Akteuren zu postulieren, wurde international der Begriff des ,Whole of Government' (WoG) geprägt. Der Begriff entsprang ursprünglich nicht dem sicherheitspolitischen Diskurs, ist dort aber aufgegriffen worden. Wenngleich es auch hier keine allseits akzeptierte Definition gibt, findet sich die folgende Beschreibung in allen Ansätzen wieder: Zusammenarbeit staatlicher Einrichtungen über Ressortgrenzen hinweg, um bezogen auf spezifische Herausforderungen in einer kohärenten Weise zu agieren, um ein gemeinsames Ziel zu erreichen.[4] Strittig ist, ob nichtstaatliche Akteure in diesem Ansatz mit einbezogen werden sollen und können oder nicht. Vernetzung betrifft hier sowohl Fragen der horizontalen Aufgaben- und Rollenteilung unter den Ressorts z.B. mit Blick auf politische Federführung, fachliche Zuständigkeiten, praktische Handlungskapazitäten und Ressourcen, als auch Probleme der vertikalen Abstimmung innerhalb und zwischen den Ressorts. ,WoG' ist damit ein Konzept, dessen Umsetzung in der Praxis unmittelbar von verfassungsrechtlichen Gegebenhei-

---

[4] "Whole of government denotes public service agencies working across portfolio boundaries to achieve a shared goal and an integrated government response to particular issues. Approaches can be formal and informal. They can focus on policy development, program management and service delivery"; in: Connecting Government. Whole of Government Responses to Australia´s Priority Challenges, Management Advisory Committee, Commonwealth of Australia 2004, p.1.

ten und innenpolitischen Machtkonstellationen geprägt ist.

‚Whole of Government' geht zurück auf eine Debatte in der OECD über die Modernisierung öffentlicher Verwaltungen[5] und wurde von dort auch übernommen in den entwicklungspolitischen Diskurs im Rahmen des OECD Development Assistance Committee (OECD-DAC).

Mit dem Aufstieg des ‚Good Governance' Konzepts zu einem Leitbild der Entwicklungszusammenarbeit seit Ende der neunziger Jahre verbreitete sich auch der ‚WoG' Ansatz und floss als zentrales Umsetzungsprinzip in zahlreiche programmatische Papiere etwa zu Sicherheitssektorreform (SSR) oder zum Umgang mit fragilen Staaten ein.[6] Dabei bezieht er sich auf zwei zu unterscheidende Dimensionen von Entwicklungspolitik: auf die Art und Weise, wie Geberstaaten Entscheidungen treffen und ihre Programme konzipieren, wie auch auf den Prozess der Implementierung im Empfängerland. Zuweilen wurde ‚Vernetzte Sicherheit' im sicherheitspolitischen Kontext synonym zu ‚WoG' verwendet.

---

[5] Siehe dazu: Modernizing Government. The Way Forward, OECD, 2005.

[6] Siehe z.B. OECD DAC Guidelines and Reference Series: Security System Reform and Governance, OECD 2005; OECD DAC Guidelines and Reference Series: Whole of Government Approaches to Fragile States, OECD 2006.

Zivil-militärisches Zusammenwirken auf der Handlungsebene im Einsatzland

Bezogen auf die operative und taktische Ebene von internationalen Friedenseinsätzen haben sich in unterschiedlichen Kontexten Begriffe etabliert, die häufig mit ‚Vernetzter Sicherheit' ins Deutsche übersetzt werden. In den Vereinten Nationen wird unter dem ‚Integrated Mission Planning Process' (IMPP) ein internes Verfahren für die Planung von UN-Friedensoperationen verstanden, bei dem alle betroffenen zivilen und militärischen Elemente des UN-Systems mit Blick auf Bedarfserhebung, Ressourcenallokation und Planung abgestimmt zusammenwirken sollen.[7]

Die EU hat lange vor dem Vertrag von Lissabon unter dem Begriff der ‚Civil-Military Co-ordination' (CMCO) Institutionen und Verfahren entwickelt, um ihre zivilen Instrumente mit ihren polizeilichen und militärischen Instrumenten im Rahmen von internationalen EU-geführten Krisenmanagementaktivitäten zu harmonisieren und abgestimmt einzusetzen. Im Zuge der hohen Konjunktur, die der Begriff des ‚Comprehensive Approach' international erfuhr, ersetzte dieser sukzessive auch in der EU-Debatte den Begriff der ‚CMCO'.[8] Wenn die EU diesen Terminus verwendet,

---

[7] Siehe z.B. Integrated Mission Planning Process, UN Department for Peacekeeping Operations, 2004 Heads of Mission Conference, DPKO/HMC/2004/12, 23 January 2004.

[8] Siehe z.B. Civil-Military Co-ordination, Council of the European Union, 14457/03, 7 November 2003; The EU's comprehensive approach to external conflict and crises, Joint Communi-

bezieht sie sich jedoch auf die Kohärenz ihrer eigenen Instrumente, nicht auf die Zusammenarbeit mit anderen Organisationen.

Schließlich beschreibt der seit Jahrzehnten etablierte militärische Begriff der ‚Civil-Military Cooperation' (CIMIC) eine militärische Funktion, die als Schnittstelle militärischer Aktivitäten im Einsatzland zu zivilen Akteuren fungiert, wobei dies sowohl internationale zivile Organisationen wie auch lokale Strukturen und Bevölkerung einbezieht.[9] Dieser Begriff wurde in der frühen entwicklungspolitischen Diskussion häufig mit zivil-militärischer Zusammenarbeit allgemein verwechselt und vielfach mit ‚Vernetzter Sicherheit' in der Praxis gleichgesetzt.

‚Interagency' als querschnittlicher Begriff

Im angelsächsischen Sprachraum ist häufig der Begriff ‚Interagency' anzutreffen, der sich querschnittlich auf alle beschriebenen Handlungsebenen erstreckt und generisch das Zusammenwirken zwischen Organisationen und Institutionen beschreibt, nicht nur in der Sicherheitspolitik. ‚Interagency' hat sich in der deutschen Diskussion nicht durchgesetzt, kann aber gleichgesetzt werden mit dem Attribut ‚vernetzt' in der deutschen Debatte, das dort immer häufiger in ähnlich unspezifischer Weise Verwendung findet und oftmals

---

cation to the European Parliament and the Council, JOIN (2013) 30 final, 11.12.2013.

[9] Siehe z.B. Teilkonzeption Zivil-Militärische Zusammenarbeit der Bundeswehr, Bundesministerium der Verteidigung, Oktober 2001.

nurmehr ein Zusammenwirken verschiedener Akteure bezeichnet.

Exkurs: Wer sind zivile Akteure?

Im militärischen Denken und Sprachgebrauch hat sich eine Dichotomie von ‚zivil‘ und ‚militärisch‘ eingebürgert, die die Welt ziviler Akteure stark vereinfacht und unzulässig über einen Kamm schert. Selten werden auf militärischer Seite die Unterschiede und ihre Implikationen zwischen humanitärer Hilfe und Entwicklungszusammenarbeit, zwischen staatlichen und nichtstaatlichen Organisationen hinreichend verstanden. Wo sich polizeiliche Kräfte und Gendarmerie einordnen, ist noch weitgehend ungeklärt – handelt es sich um zivile Kräfte, sind sie auf der militärischen Seite einzuordnen oder stellen sie eine Kategorie sui generis dar? Auch die Rolle privatwirtschaftlicher Akteure bleibt zu wenig berücksichtigt.

Dies kommt auch in dem unter militärischen Analysten und Planern gebräuchlichen Kategorienschemata zum Ausdruck. ‚PMEC‘ (Political, Military, Economic, Civil) trennt die politische und ökonomische Dimension von der „zivilen“, die humanitäre Hilfe und Entwicklung bezeichnen soll. Dabei muss gefragt werden, ob in der politischen und ökonomischen Dimension nicht auch (und ausschließlich) zivile Instrumente und Akteure zum Einsatz kommen. Begrifflich muss hier also ein logischer Bruch konstatiert werden. Differenzierter ist das weit verbreitete Kategorienschema ‚DIME‘ (Diplomatic, Information, Military, Economic), das die sogenannten ‚Instruments of Power‘ beschreibt, aber die humanitäre Hilfe, die Entwicklungszusammenarbeit, die Polizei sowie die nichtstaatlichen Akteure außer Acht lässt.

Das militärische Analyseschema ‚PMESII(PT)' (Political, Military, Economic, Social, Infrastrcuture, Information, Physical Environment, Time) erfasst relevante Handlungsfelder, in denen Effekte erzielt werden sollen, sowie Randbedingungen. ‚PMESII' erscheint als Analyseraster am weitesten ausdifferenziert mit Blick auf die Erfassung der zivilen Handlungsfelder, allerdings fehlt auch hier die polizeiliche und humanitäre Dimension. Wenn das Schema auf Akteure heruntergebrochen würde, müssten Entwicklungsakteure querschnittlich in den Handlungsfeldern PESII verortet werden, während das Handlungsfeld humanitärer Akteure nur in der Dimension Infrastruktur (Unterkünfte, sanitäre Versorgung), nicht aber Nahrung und Gesundheitsversorgung erfasst würde.

Die militärischen Analyseschemata sind Indikator für die Schwierigkeit, präzise zu bestimmen, wer unter ‚zivilen' Akteuren zu subsumieren ist. Wenn im folgenden von ‚zivilen' Akteuren gesprochen wird, ist die Gesamtheit staatlicher und nichtstaatlicher Akteure aus der Diplomatie, der humanitären Hilfe, der Polizei, der Entwicklungszusammenarbeit, sowie der Privatwirtschaft gemeint. Die nachfolgende Beschreibung der Berührungspunkte zwischen zivilen und militärischen Akteuren gilt allerdings auf der strategischen Ebene primär für staatliche Akteure.

,Vernetzte Sicherheit' als Qualität von Sicherheitspolitik

Wie gezeigt, wird ,Vernetzte Sicherheit' in unterschiedlichen Kontexten mit sehr verschiedenen Bedeutungsnuancen verwendet, ein einigender Definitionsversuch liegt bislang noch nicht vor. Das mag primär daran liegen, dass die Debatte um dieses Konzept in erster Linie politische Funktionen hat und eine allgemein akzeptierte, eindeutige Definition diesen politischen Nutzen einschränken würde. Genau dies hat aber dazu geführt, dass der Terminus immer weiter verwässert wurde. Mit der damit notwendigerweise einhergehenden sinkenden Strahlkraft von ,Vernetzter Sicherheit' drohen aber auch wichtige Botschaften des Konzepts verloren zu gehen. Um dem entgegenzuwirken, sollte das Konzept auf seine normative Dimension zurückgeführt, d.h. als anzustrebende Qualität von Sicherheitspolitik definiert werden.

Um diese Qualität näher zu fassen, sollten wir uns zunächst vergegenwärtigen, welche generischen Schnittstellen zwischen zivilen und militärischen Akteuren in allen Phasen des Krisenmanagementzyklus' bestehen:

1. <u>Berührungspunkte ziviler und militärischer Akteure in der Phase der politischen Entscheidungsfindung</u>

auf strategischer Ebene:

- Lagefeststellung und Lagebeurteilung;
- Interessenabwägung und Interessendefinition;
- Zieldefinition;
- Definition von Fortschritts- und Erfolgskriterien;
- Strategieentwicklung;

- Strategische Kommunikation;
- Abstimmung der Strategie mit internationalen Partnern;

auf operativer Ebene:

- Operationalisierung von Fortschritts- und Erfolgskriterien;
- Festlegung von Qualifikationsprofilen und Ausbildungsinhalten;

auf taktischer Ebene:

- Ausbildung und Training.

2. Berührungspunkte ziviler und militärischer Akteure in der Phase der Planung und Vorbereitung

auf strategischer Ebene:

- strategische Planung (zivil und militärisch);
- Abstimmung der Planung mit internationalen Partnern;
- Überprüfung der Lagebeurteilung;
- Überprüfung der Strategie;
- Harmonisierung von Teilbereichsstrategien;
- Entscheidung über Konsultations- und Abstimmungsmechanismen;

auf operativer Ebene:

- Erarbeitung von Teilbereichsstrategien;
- Abstimmung von Rollen, Zuständigkeiten und Sequenzen von Aktivitäten der verschiedenen nationalen und internationalen Akteure;
- operative Planung (militärisch);
- Etablierung von Konsultations-, Abstimmungs- und Steuerungsmechanismen;

auf taktischer Ebene:

- detaillierte Bedarfsanalyse und Projektplanung (zivil);
- Ausbildung und Vorbereitung;
- Bestandsaufnahme der Akteure und Aktivitäten vor Ort;
- Fact Finding Missionen;
- Etablierung von Netzwerken und Konsultations-, Abstimmungs-, und Kooperationsbeziehungen.

3. Berührungspunkte ziviler und militärischer Akteure in der Phase der Durchführung

auf strategische Ebene:

- Abstimmung der Implementierung mit internationalen Partnern;
- fortlaufende Überprüfung der Lagebeurteilung;
- fortlaufende Überprüfung der Strategie;
- fortlaufende Überprüfung der Teilbereichsstrategien;

auf operativer Ebene:

- fortlaufende Anpassung der Teilbereichsstrategien;
- Harmonisierung der Aktivitäten der verschiedenen nationalen und internationalen Akteure;

auf taktischer Ebene:

- Austausch von Informationen zum Lagebild, Aktivitäten, etc.;
- fortlaufende Kommunikation, Konsultation, ggf. Abstimmung und Kooperation;
- gegenseitige Unterstützung;
- ggf. gemeinsame Projektdurchführung;
- Training.

4. Berührungspunkte ziviler und militärischer Akteure bei Fortschrittskontrolle und Evaluierung[10]

auf strategischer Ebene:

- Informationsaustausch;
- Formulierung von Auswertungs- und Evaluierungskriterien;
- Formulierung von Lessons Learnt und Schlussfolgerungen;
- Überwachung der Umsetzung der Lessons Learnt und der Schlussfolgerungen;

auf operativer Ebene:

- Informationsaustausch ;
- Auswertung/Evaluierung;
- Lessons Learnt und Schlussfolgerungen;
- Überwachung der Umsetzung der Lessons Learnt und der Schlussfolgerungen;

auf taktischer Ebene:

- Informationsaustausch;
- Sammlung und Auswertung von Informationen;
- Lessons Learnt und Schlussfolgerungen;
- Umsetzung der Schlussfolgerungen.

Eine Definition von ‚Vernetzter Sicherheit' muss alle diese Berührungspunkte zwischen zivilen und militärischen Akteuren berücksichtigen. Angesichts der Breite dieser Schnittstellen verbietet sich eine knappe

---

[10] Fortschrittskontrolle und Evaluierung werden als fortlaufender, integraler Bestandteil des Krisenmanagementzyklus' verstanden, der zeitlich nicht nachgeordnet ist, sondern mit der Implementierung einsetzt.

Definition in ein oder zwei Sätzen, ohne in generische Beliebigkeit zu verfallen. ‚Vernetzte Sicherheit' kann aber als Qualität von Sicherheitspolitik charakterisiert werden, wenn diese sich durch folgende vier Merkmale auszeichnet:

- ein gemeinsames, umfassendes und systemisches Lage- und Problemverständnis;
- ganzheitliches, wirkungsorientiertes Denken unter besonderer Berücksichtigung von Interdependenzen, Effektkaskaden und unbeabsichtigten Wirkungen;
- systematische, langfristige ressortgemeinsame und organisationsübergreifende Entscheidungsfindung, Planung und Implementierung;
- ressortgemeinsame und organisationsübergreifende Fortschrittskontrolle und Wirkungsmessung als fortlaufender, integraler Bestandteil des Krisenmanagementzyklus'.

In schematischer, idealtypischer Weise und stark vereinfacht sähe ein Krisenmanagementzyklus, der diesen Qualitätskriterien genügt, wie folgt aus:

In der Phase der strategischen Entscheidungsfindung gibt es eine ressortgemeinsame umfassende Lagebewertung, die innen-, außen-, sicherheits-, verteidigungs-, wirtschafts-, entwicklungs-, umwelt- und sozialpolitische Aspekte ebenso umfasst wie eine gemeinsame Bestandsaufnahme der nationalen Ressourcen, Handlungsinstrumente, Handlungsspielräume und -grenzen. Auf Grundlage eines solchen Lagebildes erfolgt eine ressortgemeinsame Interessenabwägung,

-priorisierung und -definition sowie politische Willensbildung, die in einer Definition politisch-strategischer Ziele mündet. Frühzeitig werden, ebenfalls ressortübergreifend, Fortschritts- und Erfolgskriterien zur Messung der Ziele definiert. All das fließt in einer ressortgemeinsamen Gesamtstrategie zusammen, die Wege zur Erreichung der politisch-strategischen Ziele aufzeigt und diesen Wegen die geeigneten Instrumente und Mittel zuweist. Ein Element davon ist die frühzeitige Entscheidung über Strukturen und Mechanismen der ressort- und organisationsübergreifenden Zusammenarbeit. Die Entwicklung der nationalen Strategie geschieht in Wechselwirkung und Abstimmung mit internationalen Partnern. Die Ressorts konkretisieren die Gesamtstrategie zu Teilbereichsstrategien in ihrem Zuständigkeitsbereich.

In der Phase der Planung und Vorbereitung erfolgt die unter den Ressorts und Organisationen abgestimmte Ausplanung und Harmonisierung der Teilbereichsstrategien. Gegenseitige Hilfs- und Unterstützungsleistungen werden in diesem Stadium antizipiert und personell wie finanziell mit eingeplant. Einsatzvorbereitung und Training werden, wo sinnvoll, ressortgemeinsam durchgeführt. Bereichs- und organisationsübergreifende Informations-, Konsultations-, Steuerungs- und Abstimmungsverfahren unter den verschiedenen Akteuren werden noch vor Beginn des Einsatzes diplomatisch und rechtlich vorbereitet und aufgesetzt.

In der Implementierungsphase haben alle involvierten Akteure ein umfassendes Bild, welche Organisationen vor Ort in welchen Regionen in welchen

Handlungsfeldern mit welchen Mitteln tätig sind oder werden wollen. Bedarfsanalysen, Erkundungsmissionen, Operations- bzw. Projektplanungen berücksichtigen umfassend sowohl Sicherheitsaspekte, Wiederaufbau- und Entwicklungsbedarf sowie kulturelle Besonderheiten, um möglichst wirkungsvoll arbeiten zu können und nicht beabsichtigte negative Effekte zu verhindern. Während der Implementierung werden das Lagebild und der Fortschritt laufend und ergebnisoffen ressortübergreifend, national und international überwacht und evaluiert. Bei Nachsteuerungsbedarf werden Entscheidungsfragen frühzeitig an die strategische Ebene zurückgespielt. In festgelegten Abständen wird eine Bestandsaufnahme gemacht, um die Gesamtstrategie zu überprüfen und ggf. anzupassen.

Über den gesamten Krisenmanagementzyklus hinweg arbeiten die beteiligten Ressorts und Organisationen im Sinne der gemeinsamen Zielerreichung und Gesamtstrategie systematisch und im Geiste der Komplementarität zusammen. Dazu gehört ein dichtes horizontales und vertikales Netz an Kommunikationsflüssen ebenso wie systematisches Übergabemanagement. Letzteres ist besonders wichtig wegen der hohen Personalfluktuation wie auch aufgrund der sektoralen Schnittstellen, also z.B. im Rahmen der Übergabe von Sicherheitsverantwortung vom Militär an polizeiliche Akteure.

Zugegeben – diese idealtypische Beschreibung eines Krisenmanagementzyklus' im Sinne ,Vernetzter Sicherheit' mutet naiv oder träumerisch an, zumal wesentliche Aspekte wie politische Federführungs- und Zuständigkeitsfragen oder Prozesse der politischen

Legitimation bewusst ausgeklammert wurden. Auch wurde das Spannungsverhältnis zwischen nationaler Strategieentwicklung und Willensbildung im internationalen Kontext nicht problematisiert. Schließlich suggeriert die Beschreibung, politische Entscheidungsfindung und Strategieformulierung erfolgten unter Bedingungen kontemplativer Ruhe und Wahlfreiheit. Entscheidungen zum Engagement in internationalen Krisen und Konflikten finden aber meist unter erheblichem politischen Druck und Zeitdruck statt. Entscheidungsträger stehen oft nur vor der Wahl „zwischen Pest und Cholera", und in wenigen Fällen bleibt die Zeit, langfristige strategische Entscheidungen auf Basis einer fundierten Analyse zu fällen. Oft fehlt es aber auch am politischen Willen oder politischer Phantasie, neue Wege zu beschreiten.

Genau vor diesem Hintergrund bietet das Konzept ‚Vernetzter Sicherheit', wie es hier definiert wird, eine Orientierung. Es zeigt auf, wo der größte Handlungsbedarf liegt. Das Kernelement der hier vertretenen Definition ist die ressortgemeinsame strategische Lagebewertung und Strategieentwicklung. Sie bildet das Herzstück von ‚Vernetzter Sicherheit', von dem sich alle anderen Merkmale ableiten.

Kapitel 2

Aufstieg und Fall ‚Vernetzter Sicherheit' in der deutschen Diskussion

Der Verlauf der Debatte

In der deutschen Debatte, die um 2002 begann, ging das Konzept der ‚Vernetzten Sicherheit' auf einen überschaubaren Kreis von verteidigungs- und militärpolitischen Experten zurück.[11] Im Rahmen der Frage nach künftigen Streitkräfteprofilen und -fähigkeiten, stark beeinflusst von den US-amerikanischen Papieren ‚Joint Vision 2010' und ‚Joint Vision 2020' zur Transformation der Streitkräfte und vor allem in Auseinandersetzung mit der militärtechnologischen „Revolution" und dem daraus hervorgegangenen Konzept der Vernetzten Operationsführung, richtete sich das Augenmerk zunächst noch auf die Verbesserung des streitkräftegemeinsamen Zusammenwirkens.

Die wachsenden Berührungspunkte des Militärs mit zivilen Akteuren im Zuge der wachsenden Diversität militärischer Einsatzszenarien rückte jedoch bald auch Fragen übergeordneter ressort- und organisationsübergreifender sowie multinationaler Zusammenarbeit in den Fokus. In dieser Diskussion diente ‚Vernetzte Sicherheit' primär als konzeptioneller Referenzrahmen, um Defizite in der Strategie und Abstimmung zwischen den zahlreichen beteiligten Akteuren im in-

---

[11] Die Schriftenreihe zum Thema ‚Vernetzte Sicherheit', welches wesentlich durch Ralph Thiele und Heiko Borchert auf die Agenda gebracht wurde, findet sich heute unter der gleichnamigen Webseite: http://www.vernetzte-sicherheit.net.

ternationalen Krisenmanagement zu erkennen und Ansatzpunkte zur Verbesserung zu entwickeln.

Einen regelrechten Schub in einer breiter geführten Debatte erhielt das Konzept erst, nachdem in 2005 der damalige Verteidigungsminister Jung darauf zurückgriff, um den deutschen Ansatz in Afghanistan zu charakterisieren. In 2006 fand es dann auch Eingang in das Weißbuch zur Sicherheit Deutschlands und zur Zukunft der Bundeswehr. Seitdem wurde ‚Vernetzte Sicherheit' nicht mehr nur in der deutschen verteidigungspolitischen Diskussion verwendet, sondern auch seitens des Bundesministeriums für wirtschaftliche Zusammenarbeit und Entwicklung (BMZ) oder des Innenministeriums darauf Bezug genommen.

Die höchste Präsenz erlangte der Begriff in der Afghanistan-Diskussion zwischen 2006 und 2009, wobei er hier immer mehr in das Fahrwasser der kontroversen Debatte über das Ungleichgewicht zwischen zivilen Wiederaufbaumaßnahmen und militärischem Einsatz in Afghanistan geriet. Einer wachsenden Kritik in Deutschland an der Ausrichtung des internationalen Engagements in Afghanistan und besonders am US-dominierten militärischen Vorgehen begegnete das deutsche Verteidigungsministerium unter Verweis auf den deutschen Ansatz der ‚Vernetzten Sicherheit', der den zivilen Wiederaufbau gleichgewichtig neben die militärische Stabilisierung stelle. Die zeitgleich in der NATO gärende Diskussion um den ‚Comprehensive Approach' griff der damalige Verteidigungsminister Jung auf, indem er ‚Comprehensive Approach' und ‚Vernetzte Sicherheit' einfach gleichsetzte und letztere als „Markenzeichen deutscher Sicherheitspolitik"[12] vereinnahmte.

Durch die hohe Aufmerksamkeit, die der Begriff im Afghanistan-Kontext erfuhr, wurde er in noch breiteren Kreisen der deutschen politischen Debatte weit jenseits der Sicherheits- und Verteidigungspolitik voll salonfähig. In wissenschaftlichen Diskursen fand er ebenso Niederschlag wie in der parlamentarischen Debatte. In der 17. Legislaturperiode wurde ein Unterausschuss des Auswärtigen Ausschusses unter dem Titel „Unterausschuss zivile Krisenprävention und vernetzte Sicherheit" (später umbenannt in „Zivile Krisenprävention, Konfliktbearbeitung und vernetztes Handeln") eingerichtet, womit das Konzept gänzlich im Mainstream der (staatlichen) politischen Institutionen angekommen war. Kritische Stimmen kamen aus dem Umfeld von Nichtregierungsorganisationen.[13]

Mit der Entscheidung über die schrittweise Übergabe der Sicherheitsverantwortung an die afghanische Regierung auf der Londoner Konferenz im Januar 2010, konkretisiert durch den NATO-Gipfel in Lissabon im November 2010, wurde es ab 2010 stiller um das Konzept der ‚Vernetzten Sicherheit'. Mit dem absehbaren Ende von ISAF und dem weitgehenden Abbau der Bundeswehrpräsenz in Afghanistan schien auf

---

[12] Franz Josef Jung: Vernetzte Sicherheit ist der richtige Weg, in: Der Tagesspiegel, 27.11.2008.

[13] Stellvertretend für diese Stimmen der Verband Entwicklungspolitik deutscher Nichtregierungsorganisationen e.V. (VENRO): Konturenlos und unbrauchbar – Das Konzept der Vernetzen Sicherheit aus Perspektive von Nichtregierungsorganisationen, Standpunkt VENRO Nr. 2, März 2012.

allen Seiten auch der Impetus zum Erreichen praktischer, sichtbarer Fortschritte hin zu ‚Vernetzter Sicherheit' verloren.

Währenddessen wurden und werden militärische Teilkonzeptionen, Ausbildungsinhalte und Übungsszenarien unbeirrt und systematisch mit ‚Vernetzter Sicherheit' in Einklang gebracht oder daraufhin angepasst. Das Militär hat – nominell zumindest – ‚Vernetzte Sicherheit' nachhaltig internalisiert. Weniger nachdrücklich und vor allem mit weniger sichtbaren Konsequenzen, aber durchaus stetig, hat das Konzept seine Nische auch in der entwicklungspolitisch geprägten Diskussion um Krisenprävention und den Umgang mit fragilen Staaten behauptet. So haben die politischen Stiftungen und Forschungsinstitute, das Zentrum für Internationale Friedenseinsätze (ZIF) oder die Stiftung Wissenschaft und Politik (SWP) das Thema zwar vergleichsweise spät entdeckt, sich diesem in 2011 und 2013 aber in reger Publikationstätigkeit gewidmet.[14]

---

[14] Siehe z.B. Andreas Wittkowsky, Jens Philipp Meierjohann: Das Konzept der Vernetzen Sicherheit: Dimensionen, Herausforderungen, Grenzen, Policy Briefing, ZIF Berlin, April 2011; Claudia Major, Elisabeth Schöndorf: Umfassende Ansätze, Vernetzte Sicherheit, SWP-Aktuell 22, Berlin, April 2011; Andreas Wittkowsky, Wanda Hummel, Jens-Philip Meierjohann, Tobias Pietz: Vernetztes Handeln auf dem Prüfstand: Einschätzungen aus deutschen Ressorts, ZIF Policy Briefing, November 2011; Themenschwerpunkt: Vernetzte Sicherheit – Whole-of-Government-Approaches to Security der Zeitschrift Sicherheit und Frieden, Nomos, Baden Baden (30)2/2012. Schließlich sei hier auch auf die jüngste umfassende kritische Würdigung des Konzepts verwiesen, die sich aus der immanenten Perspektive auf ‚Vernetzte

Ende 2013 war die innovative Luft aus der Debatte um ‚Vernetzte Sicherheit' raus. Das Konzept befand sich auf dem „Marsch durch die Institutionen". Damit einher ging auch ein Rückgang seiner Prominenz in der Debatte. So taucht der Begriff in den Verteidigungspolitischen Richtlinien von Mai 2011 nicht mehr auf, generisch ist von „zielgerichteter Zusammenarbeit" zu lesen. Auch fand er sich in keinem Wahlprogramm von Parteien zur Bundestagswahl 2013, sondern wurde mit ‚vernetztem Ansatz' o.ä. umschrieben. Unter Minister Müller nutzt das Bundesministerium für wirtschaftliche Zusammenarbeit und Entwicklung offiziell den Begriff der ‚Vernetzten Sicherheit' kaum noch, gleichwohl sich Müller zu einer engen Vernetzung von Außen-, Sicherheits-, Verteidigungs- und Entwicklungspolitik bekennt, allerdings klar abgegrenzte Rollen zwischen Militär und Entwicklungszusammenarbeit betont.[15]

Als zu Beginn der Amtszeit der großen Koalition Anfang 2014 Verlautbarungen von Bundesverteidigungsministerin von der Leyen, Bundesaußenminister Steinmeier sowie Bundespräsident Gauck eine breit geführte Diskussion über Deutschlands internationale Verantwortung in Gang setzten, erfuhr der Gedanke eines kohärenten Vorgehens im internationalen Krisenmanagement eine Wiederbelebung. Den geweckten

---

Sicherheit' allerdings nicht löst und so die ideologische Dimension der Diskussion nicht erfasst: Heiko Borchert, Ralph Thiele (Hrsg.): Vernetzte Sicherheit – eine konstruktive Zwischenbilanz, Springer VS, Wiesbaden 2013.
[15] Interview mit Minister Müller: „Hier sitzt Müller, nicht Niebel", Zeit online, 23.01.2014.

Erwartungen an eine ambitioniertere, stärker strategisch ausgerichtete Neuorientierung der deutschen Außen- und Sicherheitspolitik sind bislang nicht die entsprechenden Taten gefolgt, auch nicht mit Blick auf größere Kohärenz unter den Ressorts. Nun erhält der ‚gesamtstaatliche Ansatz‘, wie es vorsichtiger heißt, im Zuge des Prozesses zur Entwicklung des Weißbuchs 2016 wieder vermehrt Aufmerksamkeit. Das Verteidigungsministerium sieht erstmals einen Prozess vor, der dem Rechnung tragen soll, indem er systematisch und von Anfang an nicht nur andere Ressorts, sondern auch Akteure aus Wissenschaft, Politik, Wirtschaft und Zivilgesellschaft mit einbezieht.

Trotz der jüngsten Belebung im Kontext der Entwicklung des neuen Weißbuchs hat ‚Vernetzte Sicherheit‘ ihren Zenit überschritten. Sukzessive wurde ‚Vernetzte Sicherheit‘ von einem normativen Konzept mit reformerischem Impetus auf ein instrumentelles Konzept reduziert Was von dem ursprünglichen Wurf übrig geblieben und in den aktuellen Diskussionen weiterhin virulent ist, sind im normativen Anspruch deutlich reduzierte Wendungen wie ‚vernetzter Ansatz‘, ‚gesamtstaatlicher Ansatz‘ o.ä. Freilich sind auch diese Begriffe nicht präzise definiert und immer häufiger wird zum Ansatz erklärt, was bei genauerer Reflexion eine Selbstverständlichkeit ist. Zeitgleich im Einsatzland aufeinander zu treffen, sich bedarfsabhängig auszutauschen und punktuell zusammenzuarbeiten macht noch keinen gesamtstaatlichen Ansatz und rechtfertigt erst recht nicht das Attribut ‚Vernetzte Sicherheit‘.

Politische Funktionen des Konzepts ‚Vernetzter Sicherheit'

Bis Anfang 2006 waren Inhalt und politische Funktion der Diskussion um ‚Vernetzte Sicherheit' noch weitgehend kongruent. Es ging inhaltlich wie politisch um eine Verbesserung ressortübergreifenden und internationalen Zusammenwirkens im internationalen Krisenmanagement. Der Impuls zu dieser Diskussion ging von militärpolitischen Kreisen aus und wurde von zivilen Akteuren zunächst nur sehr zögerlich aufgenommen. Hintergrund der Debatte waren zum einen die Erfahrungen der Einsätze auf dem Balkan, in denen militärische, polizeiliche und zivile Handlungsstränge lange weitgehend unabgestimmt nebeneinander herliefen. Dies galt besonders für Handlungsfelder wie Justizreform, Polizeireform, Militärreform und den allgemeinen politische Institutionenaufbau. Zum anderen stand die Debatte unmittelbar unter dem Eindruck einer sich verschlechternden Sicherheitslage in Afghanistan.

Der aus politischen Kompromissen geborene Ansatz Ende 2001, das internationale militärische Engagement in Afghanistan auf Kabul und Umgebung zu beschränken, war schon in 2004 angesichts der Entwicklungen in Teilen des Landes kaum mehr aufrecht zu erhalten. Die Antwort darauf war die Übernahme von ISAF durch die NATO und die schrittweise Ausweitung des ISAF-Operationsraums auf das gesamte Land. Diesem Schritt folgte — entgegen der Rhetorik — zu keinem Zeitpunkt ein in Volumina und Personalstärken vergleichbares internationales Engagement mit Blick auf den zivilen Wiederaufbau.

Vor diesem Hintergrund spiegelte die Debatte um ‚Vernetzte Sicherheit' bis Anfang 2006 das militärische Unbehagen angesichts der wachsenden Schere zwischen militärischem und zivilen Engagement in Afghanistan. Schließlich hatte ISAF – neben der afghanischen Zivilbevölkerung – am schwersten an den negativen Folgen dieses Ungleichgewichts zu tragen. ISAF hatte im Zuge der Ausweitung des Zuständigkeitsbereichs in den Jahren 2005 und 2006 in zahlreichen zivilen Handlungsfeldern faktisch Aufgaben übernommen, die weit über die klassische Rolle des Militärs und auch über die Kapazitäten von ISAF hinausgingen.[16] In diesem Lichte besehen, stand ‚Vernetzte Sicherheit' für einen Weckruf und war zugleich ein Appell für mehr ziviles Engagement und mehr Kohärenz unter den Handlungssträngen, die letztlich den militärischen Strang entlasten sollte.

Im Zuge der kontroversen Diskussion um das Afghanistan-Engagement im Laufe des Jahres 2006 begann sich die Inhaltsdimension von der politischen Funktion der Diskussion um ‚Vernetzte Sicherheit' zunehmend zu lösen. Inhaltlich ging es weiterhin um ein Gleichgewicht und eine bessere Abstimmung zwischen zivilem und militärischem Engagement in Afghanistan. Politisch dagegen wurde ‚Vernetzte Sicher-

---

[16] Zum militärischen Engagement in Afghanistan und der Rolle von ISAF siehe ausführlich: Fouzieh Melanie Alamir: The Approach of the International Community to Afghanistan, in: Heinz-Gerhard Justenhoven, Ebrahim Afsah (Hrsg.): Das internationale Engagement in Afghanistan in der Sackgasse? Eine politisch-ethische Auseinandersetzung, Nomos, Baden Baden 2011, S. 11-27.

heit' zu einer politischen Legitimationsformel, die Kritik an der deutschen Afghanistanpolitik abwehren helfen sollte. Unter Verweis auf ‚Vernetzte Sicherheit' wurde Fragen nach der Strategie, dem Rational oder der Durchhaltefähigkeit des deutschen und internationalen Engagements in Afghanistan ausgewichen.

Eine legitimatorische Funktion hat ‚Vernetzte Sicherheit' sukzessive auch im größeren Kontext deutscher Außen- und Sicherheitspolitik erhalten. So sehr das Bekenntnis dazu im Weißbuch Sicherheitspolitik von 2006 sowie anderen programmatischen Papieren der Bundesregierung und einzelner Ressorts zu begrüßen ist, so könnte es doch zugleich auch als Ausdruck mangelnder strategischer Orientierung gedeutet werden. ‚Vernetzte Sicherheit' kann immer nur angeben, *wie* politische Entscheidungen getroffen, geplant, umgesetzt werden. Über das *Wohin*, *Warum* und *Wofür*, also strategische Ziele und Ausrichtung dieser Entscheidungen kann es keine Aussagen treffen. ‚Vernetzte Sicherheit' kann also helfen, den Modus der Politikformulierung und -umsetzung zu optimieren; auf der Policy-Ebene, d.h. zielbezogen und inhaltlich, hilft es nicht weiter.

Indem ein in der logischen Hierarchie also eher zweitrangiges Konzept an so prominente Stelle gehoben wurde, geriet es fast automatisch zum Substitut für strategische Grundlegungen. ‚Vernetzte Sicherheit' hat das Nachdenken über Rationale und Ziele vielfach ersetzt. Auf diese Weise legitimiert es nicht nur Strategiedefizite, sondern verdrängt leicht auch den dringend notwendigen und beharrlichen Diskurs um deutsche außen- und sicherheitspolitische Identität und

Strategie. Umgekehrt könnte man auch zu dem Schluss kommen: Die Diskussion um ‚Vernetzte Sicherheit‘ hat den strategischen außen- und sicherheitspolitischen Diskurs in Deutschland auf Nebengleise geleitet, in den zentralen Fragen aber nur wenig weiter gebracht.

Die Tatsache, dass der ‚vernetzte Ansatz‘ sich bereits im Entwicklungsprozess zum künftigen Weißbuch spiegelt, ändert auch nichts an diesem Befund. Dass dem Weißbuch 2016 ein breiter diskursiver Prozess vorangehen soll, ist ein positives Novum und kann einen Anstoß zu einem breiter geführten sicherheitspolitischen Diskurs in Deutschland bilden. Es bleibt zu hoffen, dass davon auch ein Impuls hin zu klareren politisch-strategischen Orientierungen in der deutschen Sicherheitspolitik ausgeht. Allerdings wird auch das Weißbuch 2016 voraussichtlich kein Dokument der Bundesregierung, sondern des BMVg sein, auch wenn es vom Kabinett gebilligt wird. Gesamtstaatliches Denken, das sich in einem Dokument spiegeln müsste, welches abgeleitet von strategischen Zielen das gesamte Spektrum staatlicher Instrumente systematisch ins Auge fasst, die der Sicherheitspolitik zur Verfügung stehen (und nicht nur die Bundeswehr), hat sich noch nicht durchgesetzt. Das Verständnis von ‚Vernetzter Sicherheit‘ bleibt somit weiterhin auf der Instrumentenebene verhaftet und militärlastig.

Für die deutschen Ressorts hat ‚Vernetzte Sicherheit‘ unterschiedliche politische Funktionen, je nach Kontext. Wie oben erläutert, war und ist das Bundesministerium der Verteidigung (BMVg) aus den beschriebenen Gründen maßgeblicher Treiber des Konzepts. BMVg ist auch das einzige Ressort, das bislang in größerem Maßstab Ressourcen in die Verbesserung der ressortübergreifenden Zusammenarbeit zu investieren bereit war, indem die Vernetzungsfähigkeit der Bundeswehr mit zivilen Akteuren systematisch in Ausbildung, Training und Teilkonzeptionen Eingang fand.

Das Auswärtige Amt (AA) war von Beginn an zurückhaltend und hat explizite Verweise auf vernetzte Ansätze der Zusammenarbeit mit anderen Ressorts erst mit deutlicher zeitlicher Verzögerung in die eigene Diktion übernommen. Eine Erklärung für diese Zurückhaltung resultiert aus dem Spannungsverhältnis zwischen der in dem Konzept ‚Vernetzter Sicherheit' angelegten stärker strategisch ausgerichteten ressortübergreifenden Zusammenarbeit mit der Rolle des AA als außen- und sicherheitspolitisch federführendes Ressort. Hier wird deutlich, dass zumindest das normativ verstandene Konzept Fragen an die grundlegende institutionelle Verfasstheit deutscher Außen- und Sicherheitspolitik aufwirft. An dieser Diskussion besteht nicht nur im AA, sondern in Deutschland generell wenig Interesse.

Das BMZ stand dem Konzept ‚Vernetzter Sicherheit' in den Anfangsjahren der Debatte ablehnend gegenüber, nicht aber einer Vertiefung der Zusammenarbeit mit BMVg und AA. Zum einen suggerierte der Name des Konzepts eine Dominanz sicherheitspolitischer Prämissen, denen sich die Entwicklungszusammenarbeit nicht unterordnen wollte. Zum anderen war das Konzept in weiten Teilen der deutschen Entwicklungs-Community anfangs sehr umstritten und ist es bei den nichtstaatlichen Organisationen bis heute geblieben. Dass das BMZ unter dem früheren Minister Niebel in diesem Kontext eine Kehrtwende vollzog, erklärt sich im Lichte von inhärenten Dynamiken der entwicklungspolitischen Diskussion.

Von der Sicherheitspolitik lange wenig bemerkt, engagiert sich die deutsche Entwicklungszusammenarbeit schon seit rund fünfzehn Jahren systematisch in der Krisenprävention und Friedenschaffung mit spezifischen Konzepten und Ansätzen. Während dieses Engagement lange sicherheitspolitische Aspekte und Sicherheitsakteure ausschloss und sich explizit nicht sicherheitspolitisch begründete, dringt die Entwicklungszusammenarbeit seit etwa zehn Jahren auch in für sie neue Handlungsfelder wie Polizeireform, Entwaffnung, Demobilisierung und Reintegration von Ex-Kombattanten, organisierte Kriminalität, oder die Stärkung regionaler Sicherheitsarchitekturen in Afrika vor. Diese Entwicklung lief und läuft nicht ohne Friktionen, sowohl innerhalb der eigenen Klientel als auch zwischen den Ressorts. ‚Vernetzte Sicherheit' war für das BMZ in diesem Lichte betrachtet eine Brücke bzw. ein Vehikel, das den Vorstoß in die erwähnten neuen Handlungsfelder untermauern und legitimieren half. Außerdem erlaubte es, im Konzert von AA und BMVg gleichgewichtig mitzuspielen.

Das Bundesinnenministerium (BMI) ist in erster Linie ein Ressort mit Zuständigkeitsbereichen in Deutschland und Europa. Polizeiliches Engagement im Kontext internationalen Krisenmanagements ist zwar in seiner Bedeutung kaum zu unterschätzen, steht aber für das BMI naturgemäß nicht an erster

Stelle auf der Agenda. Die zunehmende internationale Verflechtung von organisierter Kriminalität und Terrornetzwerken, aber auch die Herausforderungen durch illegale Migration aus Afrika und dem Nahen und Mittleren Osten haben ein vielfältiges internationales Engagement von Bundes- und Länderpolizeien induziert, aber dieses nimmt kaum Bezug zu ‚Vernetzter Sicherheit'. Die Perspektive des BMI, dass auf dem Feld der inneren Sicherheit über Bund-, Länder- und Organisationsgrenzen hinweg schon immer in enger Verzahnung gearbeitet wurde, hat bislang wenig Interesse an einer Involvierung unter dem Stichwort ‚Vernetzter Sicherheit' mit sich gebracht. Daher war das BMI bisher sowohl diskursiv als auch praktisch das am wenigsten engagierte Ressort mit Blick auf ‚Vernetzte Sicherheit'.

Neben den beschriebenen Funktionswandeln, die das Konzept durchlaufen hat, und den nuancierten Funktionen, die die Debatte um ‚Vernetzte Sicherheit' in Deutschland heute besitzt, ist auch ein schleichender Bedeutungswandel festzustellen. Der vielschichtige Bedeutungsinhalt des Konzepts hat sich im Verlauf der letzten vier bis fünf Jahre auf einen zwar nicht weniger unpräzisen, aber weniger strittigen Minimalkonsens eingependelt. ‚Vernetzte Sicherheit' wird heute überwiegend mit ressortübergreifender Zusammenarbeit gleichgesetzt, wobei es meist um die vier Ressorts AA, BMVg, BMZ und BMI geht.

Die in der Debatte bis 2005/2006 noch virulente normative Konnotation, die eine spezifische Qualität ressortübergreifender Zusammenarbeit anstrebte und vor allem auf Strategiedefizite in der deutschen sicherheitspolitischen Diskussion verwies, ist heute kaum noch zu erkennen. Daher fiel auch kaum auf, dass immer seltener von ‚Vernetzter Sicherheit' und immer häufiger von ‚vernetztem Ansatz', ‚vernetzter Zusammenarbeit', ‚gesamtstaatlichem Ansatz' o.ä. gesprochen wird. Hierbei handelt es sich nicht nur um die natürliche Abnutzung eines überstrapazierten Terminus, sondern um die unmerkliche Verabschiedung von dem reformerischen Impetus, der der ursprünglichen Debatte zugrunde lag.

Was hat die Debatte erreicht?

Die Prominenz des Konzepts im Diskurs spiegelt nicht seinen praktischen Umsetzungsgrad wider. Programmatisch ist der Gedanke einer verbesserten ressortübergreifenden Kohärenz neben dem Weißbuch Sicherheitspolitik von 2006 in drei weitere Regierungsdokumente eingeflossen, unter explizitem oder implizitem Verweis auf das Konzept der ‚Vernetzten Sicherheit': in den Aktionsplan Zivile Krisenprävention (2004), die „Ressortübergreifenden Leitlinien für eine kohärente Politik der Bundesregierung gegenüber fragilen Staaten" (2012) und das BMZ-Konzept „Entwicklung für Sicherheit und Frieden" (2013). Im Hinblick auf die praktische Umsetzung blieben die Auswirkungen der Debatte zu ‚Vernetzter Sicherheit' jedoch bisher überschaubar.

Der Aktionsplan Zivile Krisenprävention und die damit zusammenhängenden institutionellen Innovationen, Prozesse und Debatten haben eine nicht zu unterschätzende positive Rolle gespielt, Akteure zusammenzubringen und ein verbessertes gemeinsames Verständnis von Krisenmanagement zu erlangen. In seinen Folgen für das deutsche Profil und den deutschen „output" im internationalen Krisenmanagement ist er aber begrenzt geblieben.[17] Die Vertiefung und teilweise Institutionalisierung der bilateralen Zusammenarbeit unter den Ressorts, die verstärkte Nutzung ressortübergreifender Abstimmungsformate und die Zunahme ressortgemeinsamer Übungen und Trainings stellen deutliche Fortschritte dar. Die Einrichtung des Unterausschusses „Zivile Krisenprävention, Konfliktbearbeitung und vernetztes Handeln" hat die Debatte auch im parlamentarischen Diskurs verankert. Zusammengenommen haben diese Entwicklungen zu einer Verdichtung des ressortübergreifenden Dialogs, zu einer Verbesserung eines gesamtstaatlichen Verständnisses von internationalen Herausforderungen und Risiken sowie zu einem Abbau von Befindlichkeiten unter den Ressorts und verschiedenen Akteuren geführt.[18] Diese Fortschritte sollten nicht geringgeschätzt

---

[17] Eine treffende kritische Würdigung des Aktionsplans ist nachzulesen bei: Lehren aus 10 Jahren Aktionsplan Zivile Krisenprävention – wie weiter? Stellungnahme von Winfried Nachtwei, MdB a.D., bei der öffentlichen Sitzung des Unterausschusses „Zivile Krisenprävention, Konfliktbearbeitung und vernetztes Handeln" am 05. Mai 2014 im Deutschen Bundestag, unter: http://www.bundestag.de/blob/280672/273a1e38646093202829 1390c43ab3c9/nachtwei-data.pdf (Zugang am 07.02.2015).
[18] Ausführlicher zu den praktischen Umsetzungserfolgen des Konzepts ‚Vernetzter Sicherheit' siehe: Fouzieh Melanie Alamir: Vernetzte Sicherheit – viel erreicht, aber wenig gewonnen? Reader Sicherheitspolitik, Ausgabe 10/2011 (http://www.readersipo.de).

werden.

Weitergehende Fortschritte hin zu einer langfristig angelegten, von strategischen Zielen abgeleiteten deutschen Außen- und Sicherheitspolitik, die die zur Verfügung stehenden zivilen und militärischen Instrumente kohärent und „aus einem Guss" plant und einsetzt, sind bislang ausgeblieben. Mit Blick auf Afghanistan haben sich innovative Formate ressortübergreifender Zusammenarbeit entwickelt, deren Übertragbarkeit und längerfristige Institutionalisierung abgewartet werden muss.

Ansätze zu einer konsequenteren Umsetzung ‚Vernetzter Sicherheit' stießen und stoßen an verfassungsmäßige Grenzen. Eine systematische ressortgemeinsame oder übergeordnete strategische Entscheidungsfindung und Planung kollidiert mit dem im bundesdeutschen politischen System starken Ressortprinzip und wirft die Frage der Federführung auf. Zudem gibt es im gegebenen institutionellen Gefüge keinen Ort mit entsprechendem Mandat, geeigneter personeller Ausstattung oder Kompetenzen. Auch wenn vor Bundestagswahlen regelmäßig kurzlebige Debatten nach der grundlegenden institutionellen Verfasstheit deutscher Außen- und Sicherheitspolitik aufkommen, so besteht der Eindruck, dass es in Deutschland weder das nachhaltige Interesse noch den politischen Willen gibt, die Frage nach der deutschen außen- und sicherheitspolitischen Identität auf dieser Ebene zu adressieren.

Kapitel 3

Wer macht was – wo ‚Vernetzte Sicherheit' ins Schwimmen gerät

Das Konzept der ‚Vernetzten Sicherheit' setzt implizit voraus, dass es klare Mandate, Rollen, Zuständigkeiten, Fähigkeiten und Instrumente ziviler, polizeilicher und militärischer Akteure gibt und dass diese in eindeutig voneinander abgrenzbaren Handlungsfeldern agieren. ‚Vernetze Sicherheit' zielt demnach auf verbesserte horizontale und vertikale Kohärenz der Akteure. Diese Eindeutigkeit besteht jedoch weder mit Blick auf die Rollen und Zuständigkeiten der Akteure noch mit Blick auf die Handlungsfelder.

So ist beispielsweise unklar, ob Polizeireform eine militärische oder polizeiliche (zivile) Aufgabe ist bzw. wann und unter welchen Bedingungen die militärischen Beiträge an die Polizei übergeben werden können und sollen. Sicherheitssektorreform ist immer noch in den meisten Szenarien eine Domäne der Sicherheitskräfte, obwohl Beiträge ziviler Akteure dringend benötig werden. Offen ist nach wie vor, ob Justizreform eher ein Element des Aufbaus von staatlicher Regierungsfähigkeit und der Stärkung von Rechtsstaatlichkeit ist oder ob es zu SSR zu zählen ist. Die Übergabe von humanitärer Hilfe an die längerfristig angelegte, strukturbildende Entwicklungszusammenarbeit bewegt sich in der Praxis in einem Graubereich, in dem die Aktivitäten von humanitären und Entwicklungsakteuren sich vielfach überlappen.

Die Fragen nach der Differenzierung von Zuständigkeiten und Handlungsfeldern sind keineswegs akademisch, da sie politisch brisante Aspekte wie die der politischen Federführung oder der Budgets und Finanzierungslinien beinhalten, aber auch praktische Implikationen mit Blick auf Herangehensweisen und Instrumente implizieren beinhalten. Wenn weder konzeptionell, noch durch Regularien oder Gewohnheit eindeutig geklärt ist, wer in einem komplexen Stabilisierungs- oder Wiederaufbauszenario wofür zuständig ist, fällt es auch schwer, den Anspruch ‚Vernetzer Sicherheit' nach Kohärenz in die Praxis zu übertragen. Dabei sei die politische Dimension der Aufteilung von Rollen und Zuständigkeiten unter internationalen Gebern und Truppenstellern einmal zur Vereinfachung ganz ausgeklammert.

Vor diesem Hintergrund erfolgt ein Perspektivwechsel, indem ‚Vernetzte Sicherheit' in diesem und dem nachfolgenden Kapitel mit Blick auf die Praxis im Einsatz betrachtet wird. In diesem Kapitel erfolgt eine systematische Reflexion der Rolle ziviler und militärischer Akteure in einem Einsatzszenario. Da dieses Buch sich an eine Leserschaft mit überwiegend militärischem Hintergrund richtet, wird der Fokus dabei auf der Rolle des Militärs in nicht-militärischen Handlungsfeldern des Peacebuildings liegen. Hierbei werden immer wieder Beispiele aus Afghanistan angeführt, weil sich die Frage nach der Zukunft ‚Vernetzter Sicherheit' dort ganz aktuell aufdrängt.

Zivil-militärische Schnittstellen in Peace-building-Prozessen

Sicherheitssektorreform (SSR)

Die prominenteste zivil-militärische Schnittstelle in Peacebuilding-Szenarien betrifft den Aufbau bzw. die Reform des Sicherheitssektors. SSR ist eine der herausforderndsten Aufgaben im Peacebuilding, weil sie sehr komplex ist und weit über die Schaffung von Sicherheit hinaus in den strukturellen Aufbau und das ordnungspolitische Gefüge des Staatswesens hineinreicht. Internationales Militär und Polizei können Beiträge zur Ausstattung, Operationsfähigkeit und Professionalität der lokalen Sicherheitskräfte leisten. Da sie oft den Löwenanteil der internationalen SSR-Unterstützung übernehmen, wird der Aspekt der Herstellung von Sicherheit mittels operationeller Handlungsfähigkeit oft auf Kosten der politischen Kontrolle sowie institutionellen Effektivität und Effizienz des Sicherheitssektors überbetont. Die mangelnde Bereitschaft zu mehr internationalem entwicklungspolitischen Engagement im Sicherheitssektor verstärkt diese Tendenz.

Dabei ist der Charakter des im Aufbau befindlichen Sicherheitssektors nicht nur entscheidend für die Fähigkeit des künftigen Staates zur Gewährleistung von Sicherheit und Ordnung, sondern prägt auch den künftigen ordnungspolitischen Charakter des Landes maßgeblich. Die frühzeitige Einhegung des Sicherheitssektors durch politisch-administrative Steuerungs- und Kontrollmechanismen stellt wichtige Weichen für die Chancen auf eine politische Ordnung, die demokratische Machtwechsel und einen Primat der Politik erlaubt. Gut ausgestattete und handlungsfähige Sicherheitskräfte, die – wie in Afghanistan – kaum politischer Kontrolle durch Ministerialbürokratie, Parlament, Justiz oder kritische Öffentlichkeit unterworfen sind, sind kurzfristig notwendig, bilden langfristig aber ein Risiko im Peacebuilding-Prozess.[19] SSR ist daher eine zivil-militärische, multisektorale Herausforderung, wird aber häufig auf eine Aufgabe von Militär und Polizei verkürzt.

Während Sicherheitsaufgaben wie z.B. die Überwachung von Waffenstillständen, Abschreckung durch militärische Präsenz oder das Training von Soldaten eindeutig militärische Aufgaben sind, erscheint die Rollenteilung hinsichtlich anderer Aufgaben weniger klar. Öffentliche Ordnung und Sicherheit, Verkehrssicherheit, Strafverfolgung und Kriminalitätsbekämpfung sind in friedlichen Kontexten Aufgabe der Polizei. In Ländern, wo das staatliche Gewaltmonopol nicht garantiert oder brüchig ist, gibt es oft fließende Übergänge zwischen Kriminalität, öffentlichem Protest, politisch motivierter Gewalt oder militanten Aufständen. Hier verschwimmen auch die Grenzen zwischen internationalen polizeilichen und militärischen Zuständigkeiten. So war ISAF in Afghanistan der gewichtigste Akteur beim Aufbau der afghanischen Polizei, während es landesweit keine systematische Aufgabenteilung zwischen ISAF und EUPOL beim Polizeiaufbau gab.

---

[19] Vgl. Paul Miller: Afghanistan's Coming Coup? The Military Isn't Too Weak -- It's Too Strong, in: Foreign Affairs, 2 April 2014: http://www.foreignaffairs.com/articles/141092/paul-d-miller/afghanistans-coming-coup (Zugang am 08.06.2014).

Noch weniger klar zugeordnet sind die Aufgaben, die sich auf den institutionellen Aufbau des Sicherheitssektors beziehen. Damit Sicherheitskräfte funktionieren und ihre Sicherheitsaufgaben nachhaltig wahrnehmen können, bedarf es eines hinreichenden rechtlichen Rahmens, einer realistischen Finanzplanung und Budgetierung im Staatshaushalt sowie entsprechender Verkehrs- und Energieinfrastruktur. Zudem sind die Unterstützung des organisationalen Aufbaus und die Verbesserung von Managementfähigkeiten, die Rekrutierung geeigneten Personals, die Entwicklung von Standards und Verwaltungsverfahren oder Budgetplanung und Finanzkontrolle querschnittliche Aufgaben, die für das Funktionieren des Sicherheitssektors unabdingbar sind. Ob diese Aufgaben vom Militär, der Polizei oder zivilen Entwicklungsorganisationen wahrgenommen werden, wird meist weniger nach Kriterien der funktionalen Spezialisierung und Eignung entschieden, sondern folgt politischen Setzungen oder Dynamiken des Geberengagements.

So waren in der Beratung des afghanischen Innenministeriums sowohl militärische (US-Militär/ISAF), polizeiliche (EUPOL) als auch zivile Berater aus unterschiedlichen Organisationen tätig. Die Beratung des afghanischen Verteidigungsministeriums dagegen wurde ausschließlich von militärischem Personal wahrgenommen. Auch der Aufbau der Afghan National Army galt als Ägide von US-Militär und ISAF. Sie arbeiteten zwar in Teilen mit zivilen Consultants, aber entwicklungspolitische Organisationen waren im Bereich der Militärreform nicht engagiert. Auf dem Feld der Polizeireform engagieren sich Organisationen der

Entwicklungszusammenarbeit in den Bereichen Alphabetisierung, Bau und Infrastruktur, Training, Menschen- und Frauenrechte sowie an den Schnittstellen zwischen Polizei- und Justizreform. Insgesamt aber waren und sind zivile Organisationen bei der Polizeireform nicht systematisch eingebunden.

Aufbau von Rechtsstaatlichkeit

Der Aufbau von Rechtsstaatlichkeit ist eng verknüpft mit dem Aufbau des Sicherheitssektors. Auch wenn das Konzept der Rechtsstaatlichkeit (Rule of Law) schillernd und nicht präzise definiert ist, so erscheint unstreitig, dass ein tragender Pfeiler funktionierender Rechtsstaatlichkeit neben der Rechtsformulierung und der Rechtsprechung die Rechtsdurchsetzung (Law Enforcement) darstellt. Rechtsdurchsetzung ist funktional gesehen vor allem Aufgabe der Polizei sowie der Strafvollzugsbehörden, in spezifischen Bedrohungslagen auch des Militärs. Hier überschneiden sich im Peacebuilding-Kontext SSR und Rechtsstaatsaufbau unmittelbar, da über Polizei- und Strafvollzugsreform ein direkter Beitrag zum Aufbau von Rechtsstaatlichkeit geleistet wird. Umgekehrt ist ein klarer rechtlicher und prozeduraler Rahmen eine Voraussetzung für den Aufbau eines demokratisch kontrollierten, effektiven und effizienten Sicherheitssektors.

Im Unterschied zu SSR spielt das Militär beim Aufbau von Rechtsstaatlichkeit in der Regel nur eine indirekte Rolle. Diese ergibt sich zum einen aus seinen Aufgaben bei der Militärreform. Internationales Militär hat hier die Verantwortung, nicht nur militärische Standards umzusetzen, sondern auch auf die Konformität der im Aufbau befindlichen Militärorganisation mit Recht und Gesetz des Landes zu achten. Dazu gehören auch internationale Verträge und Verpflichtungen, die das Land ratifiziert hat. Zum anderen unterstützt das internationale Militär den Aufbau von Rechtsstaatlichkeit indirekt durch Schaffung von Sicherheitsbedingungen, die Aufbau- und Reformaktivitäten auf diesem Feld ermöglichen.

Wenn das internationale Militär wie im Fall von Afghanistan jedoch eine maßgebliche Rolle beim Polizeiaufbau spielt, wirkt es direkt in den Aufbau von Rechtsstaatlichkeit hinein. Diese Konstellation ist für den Charakter der sich herausbildenden Polizei und ihre Rolle als Hüterin des Rechts und Inhaberin des staatlichen Gewaltmonopols mit hohen Risiken behaftet.

Das Militär ist weder von seinem professionellen Selbstverständnis noch von seinen Verfahren und Strukturen her geeignet, eine zivile Polizei aufzubauen. Sachzwänge der sich verschlechternden Sicherheitslage und mangelnde Bereitschaft der Geberstaaten, sich mit den notwendigen polizeilichen und entwicklungspolitischen Ressourcen im Polizeiaufbau in Afghanistan zu engagieren, haben dazu geführt, dass zunächst das US-Militär von Beginn an und später ISAF stark in den Aufbau der Afghan National Police involviert war. Dies hat einen Fokus auf operationelle Handlungsfähigkeit und Aufstandsbekämpfung beim Polizeiaufbau begünstigt. Die Polizei ist immer noch mit erheblichen Imageproblemen in der Bevölkerung belastet, genießt kaum Vertrauen und ist von den vielfach paramilitärischen Aufgaben im Kontext der Aufstandsbekämp-

fung überfordert. Gleichzeitig wurde die Befähigung
zu zivilen Ordnungsaufgaben vernachlässigt. Aufgrund
der sich stetig verschlechternden Sicherheitslage konnte diese Ausrichtung beim Polizeiaufbau bis heute
schwer korrigiert werden.

Aufbau von Regierungsstrukturen

Unterstützung beim Aufbau von Regierungsstrukturen
in Peacebuilding-Prozessen ist eine Aufgabe, die primär von Entwicklungsorganisationen und je nach Ressort entsprechenden Fachexperten zu leisten ist. Hierbei geht es um den organisationalen Aufbau der Ministerialbürokratie, um Entwicklung von Geschäftsord-
nungen und Verfahrensabläufen, um Rekrutierung und
Ausbildung von Personal und um politikfeldbezogene
Fach- und Politikberatung. Das internationale Militär
ist in dieses Handlungsfeld von Peacebuilding nur in-
sofern direkt involviert, als es im Rahmen von Militär-
reformen auch das Verteidigungsministerium unterstützt und berät. Allerdings leistet es hier weniger
querschnittliche Organisations- und Managementbera-
tung, sondern konzentriert sich in der Regel auf Fach-
und Politikberatung und teilweise noch die Rekrutierung von Personal.

Die Reform des Verteidigungsministeriums genießt
bei internationalen zivilen Organisationen oft nicht die
Aufmerksamkeit, die ihr als integraler Bestandteil des
Aufbaus von Regierungsstrukturen gebührt. Die Reform der Sicherheits- und Verteidigungsinstitutionen
wird meist vollständig dem Militär überlassen. Umgekehrt konzentrieren sich internationale militärische
Akteure oft nur auf die militärfachlichen Aspekte der

Reform des Verteidigungsministeriums. In der Folge entsteht auch hier ein Ungleichgewicht auf Kosten sicherheits- und verteidigungspolitischer Regierungsfähigkeit und organisationaler Handlungsfähigkeit.

Ein weiterer Aspekt des Aufbaus von Regierungsstrukturen betrifft die Abhaltung von Wahlen oder im Falle Afghanistans auch von großen Ratsversammlungen (Loya Jirgas). Hier spielt das internationale Militär je nach Kapazitäten und Handlungsfähigkeit der lokalen Sicherheitskräfte temporär eine wichtige Rolle mit Blick auf logistische Unterstützung, Gewährleistung von allgemeiner Sicherheit und Ordnung sowie Schutz prominenter Personen.

Entwaffnung, Demobilisierung und Reintegration von Ex-Kombattanten

Entwaffnung, Demobilisierung und Reintegration (disarmament, demobilization and reintegration, DDR) von Ex-Kombattanten ist ein durchgehend zivil-militärisches Unterfangen, gleichwohl die Aufgaben und Rollen ziviler und militärischer Akteure in den drei Phasen stark variieren. Vor Beginn der Entwaffnung bedarf es der Erarbeitung einer politischen Strategie unter Einbeziehung militärischer Expertise, die festlegt, wer wo wann und in welcher Reihenfolge entwaffnet werden und wer den Prozess wie überwachen soll.

In der Entwaffnungsphase leistet internationales Militär das Gros der anfallenden logistischen und Sicherungsaufgaben, angefangen von der Zusammenführung ehemaliger Kämpfer in Lager, über den Schutz und die Sicherung der Lager bis hin zur Registrierung, dem Einsammeln und der sicheren Verwahrung/Lagerung von Waffen und Munition. Zivile Akteure wie humanitäre Organisationen oder spezialisierte Nichtregierungsorganisationen können bei der Registrierung und Versorgung der Ex-Kombattanten mit Nahrung und medizinischer Hilfe oder bei der Registrierung und Verwahrung von Waffen und Munition in dieser Phase eine unterstützende Rolle spielen.

In der Phase der Demobilisierung arbeiten militärische und zivile Akteure idealerweise Hand in Hand, da in dieser Phase bestehende Kampfverbände aufgelöst und erste Schritte unternommen werden, um ehemalige Kämpfer auf ein ziviles Leben vorzubereiten (Gesundheitschecks, Ausgabe von Papieren, Festlegung über eine Zukunft als Zivilist oder Überführung in reguläre Sicherheitskräfte, etc.). Die Rolle des Militärs bleibt unter Sicherungs- und Schutzgesichtspunkten in der Demobilisierungsphase unverändert, aber auch mit Blick auf die Überführung von Ex-Kombattanten in die regulären Sicherheitskräfte. In dieser Perspektive sollte DDR auch mit laufenden Sicherheitssektorreformen abgestimmt sein.

In der Reintegrationsphase kommen Entwicklungsorganisationen zum Zuge, die Ex-Kombattanten durch Aus- und Fortbildung auf einen zivilen Broterwerb vorbereiten, medizinische Versorgung leisten und vor allem die aufnehmenden Gemeinden bei der sozialen Integration und Vergangenheitsbewältigung unterstützen.

Unter Bedingungen fortdauernder Kampfhandlungen und in schwierigen Kontexten wie in Afghanistan bleiben DDR-Prozesse leicht auf halbem Wege stehen, weil die Kriegsökonomie eine stete Nachfrage nach Kombattanten generiert, weil die lokale Kultur Entwaffnungsbemühungen erschwert oder weil der zivile Arbeitsmarkt größere Zahlen von zusätzlich auf den Arbeitsmarkt drängenden ehemaligen Kämpfern nicht absorbieren kann. Unter solchen Umständen wäre eine enge Verzahnung von DDR mit entwicklungspolitischen Programmen der Arbeitsmarktförderung und wirtschaftlichen Entwicklung geboten. Diese Verknüpfung ist jedoch in den meisten Fällen stark vernachlässigt oder gar nicht gegeben.

Ist ‚Vernetzte Sicherheit' naiv?

Auch wenn die Festlegung von Mandaten, Rollen und Zuständigkeiten verschiedener Akteure und die Abgrenzung verschiedener Handlungsfelder nicht willkürlich erfolgen, so gibt es wie gezeigt gewisse Konventionen aber keine klaren Kriterien oder verbindliche Standards dafür. Vielmehr bestimmen in den meisten Fällen politische Dynamiken internationaler Krisenmanagementprozesse über Aufgaben- und Rollenaufteilung zwischen den eingesetzten Instrumenten und Akteuren im Einsatzland oder über die Zuordnung und Unterscheidung der Handlungsfelder. Dabei wird die Frage, wer was, wieviel, in welchem Bereich und wo macht, meist von politischen Interessen der Geber bzw. Truppensteller getrieben als vom sorgsam erhobenen Bedarf vor Ort abgeleitet. Oft sind es zudem erhebliche Eigendynamiken politischer Prozesse, die darüber entscheiden, wie und womit sich „die internationale Gemeinschaft" engagiert.

Aus diesem Blickwinkel erscheint die Forderung nach stärkerer Vernetzung und Kohärenz im besseren Falle nachrangig, im schlimmeren Falle naiv, da das Profil des internationalen Engagements weit überwiegend von politischen Treibern und Kriterien bestimmt wird. Kaum jemand wird den Idealismus aufbringen, ,Vernetzte Sicherheit' in seinem normativen Verständnis auf die Ebene internationaler Politik übertragen zu wollen. Die Verwirklichung kohärenter strategischer Zielformulierung und politisch-strategischer Planung auf internationaler Ebene, gefolgt von abgestimmter Umsetzung, erscheinen nur sehr punktuell und unter sehr spezifischen Bedingungen möglich. Genau genommen stehen sie in einem Spannungsverhältnis zu den strukturellen Bedingungen internationaler Politik.

Daraus ist zu folgern, dass die Realisierbarkeit ,Vernetzter Sicherheit' sich primär auf die nationalstaatliche Ebene beschränkt. Das schränkt die Schlagkraft des Konzepts aber deutlich ein, weil die Vernetzung der Beiträge eines nationalen Gebers/ Truppenstellers vergleichsweise wenig Wirkungen zeitigt, solange nicht die Gesamtheit oder zumindest ein größerer Teil der internationalen Beiträge denselben Prinzipien folgt.

Kapitel 4

Die Zukunft ‚Vernetzter Sicherheit' in Afghanistan

Abschließend soll die Frage nach der Zukunft ‚Vernetzter Sicherheit' mit Blick auf Afghanistan reflektiert werden, da der internationale Einsatz in Afghanistan lange als impliziter oder expliziter Referenzpunkt der Debatte um ‚Vernetzte Sicherheit' diente.

Zivil-militärisches Schnittstellenmanagement in Afghanistan

Stabilisierung und Wiederaufbau in Afghanistan waren von Anfang an ein komplexes zivil-militärisches Unterfangen. Gleichwohl hat es zu keinem Zeitpunkt seit 2002 eine annähernde Balance zwischen der zivilen und der militärischen Dimension gegeben. Dies gilt sowohl mit Blick auf die zahlenmäßige Präsenz, die Kosten wie auch die politische Aufmerksamkeit insgesamt. Das internationale Engagement in Afghanistan war besonders in den Anfangsjahren in hohem Maße auf die militärische Dimension fokussiert.

Dieses Ungleichgewicht konnte auch nach Verabschiedung des Afghanistan Compact in 2006, der Stabilisierung und Wiederaufbau ausdrücklich als Gesamtheit konzipierte, nicht gänzlich aufgelöst werden, obwohl es seitdem deutliche Fortschritte hin zu verbesserter zivil-militärischer Balance und Kohärenz zu verzeichnen gab. Dies ist in der Genese und den spezifischen Dynamiken des internationalen Engagements in Afghanistan begründet, die detailliert an anderer Stelle analysiert wurden.[20]

Aufgaben- und Zuständigkeitsbereiche ziviler und militärischer Akteure sind in Afghanistan in einigen Wiederaufbaufeldern eng verstrickt. Das gilt besonders für den Polizeiaufbau, aber auch für die Drogenbekämpfung oder die Aufgaben öffentlicher Sicherheit und Ordnung.

Heute hat zwar theoretisch die Afghan National Police (ANP) die Zuständigkeit für innere Sicherheit, und die Afghan National Army (ANA) konzentriert sich auf Verteidigungsaufgaben, aber die Realität sieht anders aus. Vielfach sind Polizeikräfte tragendes Element der Aufstandsbekämpfung und tragen einen besonders hohen Blutzoll. Die ANP ist folglich eine hinsichtlich ihrer Organisationsstruktur und Verfahren stark militärisch geprägte Polizeitruppe. In vielen zentrumsfernen Provinzen und Distrikten, in denen die zentralstaatlichen Akteure oftmals nur schwach oder gar nicht präsent sind, herrscht wiederum eine andere Realität. Hier sind polizeiliche und militärische Aufgaben aufgrund der andauernden gewaltsamen Auseinandersetzungen eng verquickt – sei es im Rahmen von Konflikten um die Macht, um lokale oder auch kriminelle Interessen und unter unterschiedlichen Herrschaftskonstellationen. Dies spiegelte sich auch in

---

[20] Vgl. F. M. Alamir: The international Approach to Afghanistan – Could We Have Done Better? In: Heinz-Gerhard Justenhoven, Ebrahim Afsah (Hrsg.): Das internationale Engagement in Afghanistan in der Sackgasse?, S. 11-27, http://www.alamir.de/Page_DEU/Page_DEU/Publikationen1_assets/2011-The_international_Approach_to_Afghanistan.pdf

dem Zuschnitt westlicher Unterstützung für den Aufbau der afghanischen Sicherheitskräfte. Unterstützung für den Aufbau der Polizei leisteten in Afghanistan mit dem weitaus größten Personal- und Ressourcenaufwand die USA über das Combined Security Transition Command–Afghanistan (CSTC-A) und ISAF im Rahmen der NATO Training Mission to Afghanistan (NTM-A), daneben EUPOL und bilaterale Geber mit polizeilichen und zivilen Mitteln.

Die Rolle von ISAF im Wiederaufbau Afghanistans ging bis 2014 weit über herkömmliche Sicherheitsaufgaben hinaus. ISAF war in anderen als sicherheitsbezogenen Handlungsfeldern zwar formal immer nur eine unterstützende Kraft. Faktisch aber hat ISAF – in Reaktion auf mangelndes ziviles Engagement – ungefähr ab 2006 eine Rolle als „Fazilitator" und „Ermöglicher", teilweise auch als Motor eingenommen, die in einigen Wiederaufbauprozessen jenseits des Sicherheitsbereichs kaum wegzudenken war. Diese Rolle wurde erst mit dem beginnenden zahlenmäßigen Abbau der ISAF-Truppenstärke ab 2011 sukzessive reduziert.

Die Verfahren zivil-militärischen Zusammenwirkens in Afghanistan glichen einem dichten Netz von Konsultations-, Abstimmungs- und Koordinationsformaten und -beziehungen mit einer Vielzahl sich teilweise überlappender, teilweise ergänzender, teilweise nebeneinander bestehender Knotenpunkte. Charakteristisch für dieses Netz war, dass es dem Bedarf vor Ort folgend und in hohem Maße abhängig von handelnden Personen entstanden und aufgewachsen ist, d.h. primär von Akteuren und Dynamiken im Einsatzland angestoßen und geprägt wurde.

Dementsprechend war es an einigen Stellen besonders dicht, wie beispielsweise auf der strategischen Ebene bezogen auf den Bereich Wiederaufbau und Entwicklung oder sektoral bezogen auf Polizeireform. An anderen Stellen war es nur lose geknüpft, so etwa auf den regionalen, Provinz- oder Distriktebenen. Dieses Netz war in seiner Substanz trotz institutionalisierter Knotenpunkte maßgeblich von persönlichen Beziehungen und Konstellationen getragen.

Insgesamt fehlte es an einer systematischen Arbeitsteilung und Koordinierung zwischen zivilen und militärischen Akteuren in Afghanistan. Allerdings bestand in Afghanistan kein prinzipieller Mangel an zivil-militärischer Abstimmung und Koordination. Auch wenn die bestehenden Verfahren und Formate sukzessive, blind und von unten nach oben, statt in einem geordneten, langfristig geplanten Prozess aufgewachsen sind, gewährleisteten sie Abstimmung und Koordination im Rahmen des politisch Möglichen. Dort, wo sie nicht hinreichten, fehlte es an zivil-militärischer Kohärenz auf politisch-strategischer Ebene.

Der Impuls zu verbesserter zivil-militärischer Kohärenz in Afghanistan ging vor gut einer Dekade von ISAF aus. Hintergrund war der Ansatz, über die Provincial Reconstruction Teams einen Beitrag zur Stärkung von Staatlichkeit auch in den Landesteilen zu leisten, in denen ISAF nicht präsent sein konnte. ISAF war innovativ und proaktiv mit Blick auf die Entwicklung von Verfahren und Formaten verbesserter zivil-militärischer Zusammenarbeit, weil das Militär nach

Entlastung und Abgabe von Aufgaben und Verantwortlichkeiten strebte. Demgegenüber scheuten die Geberstaaten, UNAMA und viele zivile Organisationen lange eine engere politisch-strategische Abstimmung mit der NATO/ISAF, weil dies nationale und organisationale Partikularinteressen oder Sorgen vor Vereinnahmung berührte.

Allerdings sollte nicht übersehen werden: Auch wenn in Afghanistan zivil-militärische Kohärenz über die Jahre deutlich verbessert wurde, hat es zu keinem Zeitpunkt einen vernetzen Ansatz im Sinne einer kohärenten Strategie unter den Geberstaaten und truppenstellenden Nationen gegeben. Während das Rational des internationalen Engagements in Afghanistan in den Anfangsjahren eher im Anti-Terror-Kampf begründet lag, verschoben sich die Begründungsmuster immer mehr hin zum Wiederaufbau, freilich ohne konkrete Vorstellung, wie ein Afghanistan der Zukunft aussehen sollte und wann dieses Ziel als erreicht gelten könnte. Mit Ankündigung des ISAF-Abzugs wurde einfach ein Zeitpunkt definiert, um Verantwortung in afghanische Hände zu übergeben. Die Debatte um ‚Vernetzte Sicherheit' in Afghanistan hat sich zu lange auf das *Wie* fokussiert, statt zu reflektieren, ob das internationale Engagement insgesamt noch auf dem richtigen Weg ist. Die nächsten Jahre werden zeigen, wie nachhaltig dieses Engagement war.

Künftige Bedingungen zivil-militärischen Zusammenwirkens in Afghanistan

Der Wiederaufbau in Afghanistan bleibt eine Herausforderung, die nur mit konzertierten zivilen und militarischen Mitteln zu bewerkstelligen ist. Angesichts der Reduzierung militärischer internationaler Präsenz und des Rückgangs der Präsenz internationaler ziviler Organisationen erscheint ein kohärentes Handeln der verbleibenden zivilen und militärischen Akteure wichtiger denn je. Die internationalen Geber und truppenstellenden Nationen haben auf der Tokioter Geberkonferenz im Juli 2012 versichert, den Wiederaufbau in Afghanistan auch nach 2014 weiterhin zu unterstützen.[21] Die Geberstaaten sagten mehr als 16 Mrd. USD an Entwicklungshilfe für die nächsten vier Jahre zu. Unterstützungszusagen über 2016 hinaus sind wahrscheinlich. Die Ausgaben Deutschlands sollen bis mindestens 2016 weiterhin jährlich bis zu 430 Mio. Euro im Rahmen der Entwicklungszusammenarbeit betragen, heißt es im Fortschrittsbericht 2013 der Bundesregierung zu Afghanistan. Allerdings ist – entgegen der Rhetorik, man werde Afghanistan nicht im Stich lassen – das politische Interesse an Afghanistan seit der Entscheidung für den militärischen Rückzug faktisch spürbar zurückgegangen. Andere Krisen haben längst die Aufmerksamkeit für Afghanistan in den Hintergrund gedrängt und konkurrieren um finanzielle Mittel.

Noch ist ungewiss, wie viele der zugesagten Mittel

---

[21] The Tokyo Declaration. Partnership for Self-Reliance in Afghanistan. From Transition to Transformation, 8 July 2012; http://reliefweb.int/sites/reliefweb.int/files/resources/Tokyo%20Conference%20on%20Afghanistan%20The%20Tokyo%20DeclarationPartnership%20for%20Self-%20Reliance%20in%20Afghanistan%20From%20Transition%20to%20Transformation.pdf (Zugang am 08.06.2014).

tatsächlich im Land ankommen werden. Auch bleibt abzuwarten, wie die Geberstaaten angesichts einer weiterhin sehr prekären Sicherheitslage, die die Arbeit von internationalen Regierungsorganisationen sowie internationalen und lokalen Nichtregierungsorganisationen erheblich erschwert, ihre finanziellen Zusagen in Programme und Projekte überführen und umsetzen können. Umso größerer Druck und Erwartungen lasten auf den zivilen Organisationen, die weiterhin im Land arbeiten.

Durch die zahlenmäßige Reduzierung und Veränderung des Profils des internationalen Militärs und die zurückgehenden internationalen Gebermittel werden auch die sicherheitsbezogenen, finanziellen und sektoralen Handlungsbedingungen für zivile Organisationen schwieriger. Zum einen wird sich der Trend zur Konzentration von Geberaktivitäten in den Regionen und Distrikten fortsetzen, die von der Sicherheitslage her zugänglich sind. Dies macht eine Zunahme der Disparitäten in den lokalen Lebensbedingungen wahrscheinlich, die wiederum die Arbeit der verbleibenden zivilen Organisationen weiter erschwert und für den Peacebuilding-Prozess des Landes insgesamt nicht zuträglich ist. Zum anderen ist in den letzten Jahren ein Trend zum Rückzug internationaler staatlicher Entwicklungsorganisationen zu verzeichnen mit der Folge, dass Teile der zugesagten Gelder nicht hinreichend abfließen können. Außerdem ist eine Hinwendung zur Umsetzung zugesagter Mittel über die wenigen verbleibenden internationalen staatlichen Entwicklungsorganisationen, die noch in Afghanistan arbeiten, über UN-Institutionen, und vor allem über die afghanische Regierung erkennbar, um Unwägbarkeiten einer Direktbeauftragung von NRO und lokalen Organisationen zu umgehen. Dies verschlechtert die Arbeitschancen vor allem für internationale und nationale NRO insgesamt erheblich.

Die beiden letztgenannten Trends führen insgesamt zu einer Reduzierung internationaler Experten vor Ort ohne dass bisher abschätzbar ist, inwiefern afghanische Kapazitäten ausreichen, um vielfach noch laufende komplexe Programme erfolgreich fortzuführen. Schließlich ist zu erwarten, dass Geberstaaten ihre Mittel zunehmend auf Kernsektoren wie Verwaltungsaufbau, Bildung und landwirtschaftliche Entwicklung konzentrieren werden. Weniger im Lichte der politischen Aufmerksamkeit stehende Sektoren könnten dadurch vernachlässigt werden. Für diejenigen Regierungsorganisationen und NRO, die bisher in unterschiedlichen Formen und Intensitätsgraden mit ISAF zusammengearbeitet oder regelmäßige Beziehungen gepflegt haben, hat das Ende der ISAF-Operation auch die Opportunitäten zur Zusammenarbeit mit dem internationalen Militär auf ein Minimum reduziert.[22]

Die ISAF-Nachfolgemission Resolute Support fokussiert auf Training und Unterstützung beim Aufbau der afghanischen Sicherheitskräfte. Inwiefern dies auch die ohnehin vernachlässigten querschnittlichen

---

[22] Vgl. Transition and Non-Government Organizations in Afghanistan: An Assessment and Prospects, Afghanistan Public Policy Research Organization, January 2014; http://appro.org.af/preview/transition-and-ngos-in-afghanistan-an-assessment-and-prospects/, geladen am 08.06.2014.

organisationalen und managerialen Fähigkeiten des afghanischen Innen- und Verteidigungsministeriums sowie der Verwaltungsapparate von ANA und ANP hinreichend mit einbezieht, ist noch nicht absehbar.

Angesichts der Reduzierung internationaler ziviler und militärischer Präsenz und der erschwerten Bedingungen für zivile Organisationen stellt sich die Frage, wie die Notwendigkeit eines gesamtheitlichen Ansatzes in Afghanistan aufrecht erhalten werden kann. Die Zukunft zivil-militärischen Zusammenwirkens in Afghanistan wird zum einen von der Entwicklung der Sicherheitslage abhängen, zum anderen sind ihr mit dem künftigen Kräftedispositiv der Resolute Support Mission ohnehin enge Grenzen gesetzt. Die zivilen Organisationen, die im Lande verbleiben und weiterarbeiten, beschreiten neue, autarke Wege mit Blick auf medizinische Versorgung und Evakuierung im Notfall.

Der Wegfall von ISAF wird in den Handlungsfeldern des Aufbaus von Rechtsstaatlichkeit, des Aufbaus von Regierungsstrukturen sowie DDR spürbare Lücken hinterlassen. Die Rolle, die ISAF in diesen Handlungsfeldern gespielt hat, wird absehbar weder von Resolute Support noch von den afghanischen Sicherheitskräften oder von internationalen zivilen Akteuren hinreichend übernommen werden können.

Ein kohärenter Peacebuilding-Prozess, in dem zivile und militärische Akteure koordiniert vorgehen, wird damit künftig noch unwahrscheinlicher. Künftig wird es zudem einfach sehr viel weniger zivil-militärische Schnittstellen geben. Damit dürfte vielen der mühsam erreichten Kohärenzfortschritte mit Blick auf Formate zivil-militärischen Zusammenwirkens der Boden entzogen werden. Dabei bleibt der Bedarf unverändert bestehen. In dem Einsatzszenario, das am stärksten die Debatte um ‚Vernetzte Sicherheit' getrieben hat, erodieren die Bedingungen dafür.

Quo Vadis ‚Vernetzte Sicherheit'?

Die Beschäftigung mit dem Begriff der ‚Vernetzten Sicherheit' und dem Verlauf der Debatte in Deutschland hat gezeigt, dass das Konzept bis heute trotz seiner einzigartigen Karriere verschwommen geblieben ist. Davon unbeeindruckt hat sich das Konzept sukzessive als Leitmotiv deutscher Außen- und Sicherheitspolitik etabliert. Heute ist unstrittig, dass Ressorts und Organisationen besser abgestimmt und enger im internationalen Krisenmanagement zusammenarbeiten sollen. Neben diesem positiven Effekt der inhaltlichen Dimension der Debatte ist ‚Vernetzte Sicherheit' immer mehr zu einer legitimierenden Formel geworden, die Aufmerksamkeit auf die Modalitäten der Politikumsetzung lenkt, statt sie auf Fragen nach strategischen Schwerpunkten und Zielen zu richten. Im Zuge des Mainstreamings ‚Vernetzter Sicherheit' ging somit der normativ-reformerische Impetus aus der Diskussion in den Anfangsjahren verloren, der besonders auf ressortübergreifende Kohärenz auf der politisch-strategischen Ebene zielte.

Die generische Reflexion ‚Vernetzter Sicherheit' mit Blick auf Akteure und Handlungsfelder in internationalen Krisenmanagement-Einsätzen hat verdeutlicht, dass die Frage ziviler, polizeilicher und militärischer Aufgaben und Rollen keineswegs eindeutig geklärt ist. In diesem Lichte betrachtet verschwimmt die Bedeutung ‚Vernetzter Sicherheit' auf internationaler Ebene. Wenn Zuständigkeiten und Rollen von Akteuren sowie Handlungsfelder primär politisch definiert und gesetzt werden, wird die Forderung nach Vernetzung in gewisser Weise stumpf. ‚Vernetzte Sicherheit' ist folglich ein Konzept mit Bedeutung vor allem für die nationalstaatliche Ebene, was seine Relevanz deutlich einschränkt.

Schließlich wurde argumentiert, dass in Afghanistan, das lange wichtigster Bezugspunkt der Debatte um ‚Vernetzte Sicherheit' war, die Bedingungen für eben diese immer schlechter werden, weil die Anzahl der zivil-militärischen Schnittstellen stetig sinkt. Zudem gehen die Chancen auf einen kohärenten Peacebuilding-Prozess, in dem Sicherheitsaspekte und Aspekte des zivilen Wiederaufbaus gleichgewichtig angegangen werden, weiter zurück.

Wie oben angedeutet, zeichnet sich im deutschen Diskurs bereits eine Tendenz der Abwendung vom Konzept ‚Vernetzer Sicherheit' ab. Was mit großer Wahrscheinlichkeit Bestand haben wird, ist die allgemein geteilte Erkenntnis, dass die verschiedenen Ressorts und Organisationen sich besser untereinander abstimmen sollten. Wie diese Abstimmung konkret aussieht und wie weit sie geht, bleibt offen. Die derzeit absehbaren Entwicklungstendenzen sprechen dafür, dass sich ein weniger ambitionierter Wurf mit inkrementalen Verbesserungen in der Praxis durchsetzen wird. Das ist nicht schlecht und in jedem Falle besser als die Situation noch vor wenigen Jahren.

Allerdings besteht unverändert die dringende Notwendigkeit nach kohärenterem Agieren aller relevanten Ressorts unter Einbeziehung von Implementierungsorganisationen und Fachexpertise bei Lagebewertung, Entscheidungsfindung und Planung auf der politisch-strategischen Ebene. Vor diesem Hintergrund wurde hier das Plädoyer für einen wieder konsequent normativen Begriff ‚Vernetzter Sicherheit' ausgesprochen. Möglicherweise benötigt man auch einen neuen Terminus, weil der alte schon so abgegriffen ist.

Nach den Erfahrungen in Irak und Afghanistan ist die internationale Bereitschaft zu langfristigem Engagement in komplexen Peacebuilding-Vorhaben auf absehbare Zeit gebremst. Es bleibt zu hoffen, dass die Erfahrungen und Erkenntnisse vom Balkan, aus Afghanistan und anderen Einsätzen mit Blick auf zivil-militärisches Schnittstellenmanagement und verbesserte Kohärenz nicht vergessen werden. Umso mehr, als unter dem Druck der Ereignisse in der Ukraine der Trend zu einer Rückbesinnung auf die klassischen militärischen Aufgaben der kollektiven Verteidigung derzeit den sicherheitspolitische Diskurs in der NATO bestimmt.

‚Vernetzte Sicherheit' war bisher ein Konzept, dass sich primär auf komplexe Stabilisierungs- und Peacebuilding-Szenarien bezog. Verbesserte zivil-militärische Kohärenz ist zwar unabhängig von spezifischen Einsatzszenarien relevant. Der Anreiz zu Vernetzungsfortschritten wird aber in der Praxis mit der sinkenden Zahl von Peacebuilding-Einsätzen abnehmen, weil in der bisherigen Wahrnehmung andere Einsatzszenarien nicht an einem Kohärenzdefizit gelitten haben. Es kann trotzdem davon ausgegangen werden, dass das Bemühen um ein ganzheitlicheres Problemverständnis und besseres zivil-militärisches Schnittstellenmanagement als Desiderat aus der Debatte um ‚Vernetzte Sicherheit' Bestand haben wird.

Abschließend soll noch ein Aspekt erwähnt werden, der in der gesamten nationalen und internationalen Diskussion um ‚Vernetzte Sicherheit' oder ‚Comprehensive Approach' bisher gänzlich ausgeblendet war. ‚Vernetzte Sicherheit' ist von den internationalen Gebern und Truppenstellern her gedacht. Das Konzept suggeriert, dass mit seiner Umsetzung bessere Erfolge im internationalen Krisenmanagement erzielt werden. Diese Annahme, auch wenn nirgendwo explizit ausgesprochen, ist durchaus fraglich. Solange internationale Akteure in einem Krisenszenario nicht bereit (und in der Lage) sind, langfristig protektoratsähnliche Verpflichtungen und Verbindlichkeiten zu übernehmen, bleiben lokale Akteure hauptverantwortlich und haben den größten Einfluss auf die langfristige Entwicklung ihres Landes.

Das entwicklungspolitisch fundamentale Prinzip der ‚local ownership' ist unter Entwicklungsgesichtspunkten unabdingbar. Außen- und sicherheitspolitisch ist es ein Fluch und ein Segen zugleich. ‚Local ownership' erlaubt externen Akteuren nur bedingten Einfluss, es entlastet sie aber auch zugleich von der Verantwortung. Überdies spielen externe Akteure immer nur eine temporäre Rolle; selbst ein Protektorat soll früher oder später auf eigenen Beinen stehen.

In dieser Perspektive ist es für die Langfristwirkungen vor Ort zweitrangig, wie kohärent die unterschiedlichen Akteure eines Geberlandes agieren. Selbst eine weitgehende Kohärenz unter den Geberländern auf internationaler Ebene stellte bei weitem keine Garantie für erfolgreiches Peacebuilding dar, weil die zentralen Einflussfaktoren für Erfolg in den Ländern selber begründet liegen. Es würde zu weit führen, hier näher auf die Dynamiken, Brems- und Erfolgsfaktoren von Peacebuilding-Prozessen einzugehen. Aber klar ist, dass externe Akteure, ob zivil oder militärisch, nur begrenzt Einfluss ausüben und Prozesse immer nur temporär gestalten können. Inwieweit die Akteure eines Geberlandes oder Truppenstellers kohärent agieren, ist eher eine Frage der effizienten Nutzung von Steuergeldern und adressiert somit vor allem die politische Klientel im Heimatland. Für die langfristigen Effekte, die im Einsatzland erzielt werden, spielt es je nach Muster des Engagements zwar auch eine Rolle, ist aber nicht von entscheidender Bedeutung.

So bleibt die Debatte um ‚Vernetzte Sicherheit‘ primär ein nach innen gerichteter Diskurs staatlicher Akteure. Welchen Impuls sie in die Diskussion um die außen- und sicherheitspolitische Identität Deutschlands weitertragen kann, die – angestoßen in 2014 – hoffentlich intensiv fortgesetzt wird, bleibt abzuwarten. Ein ambitioniertes, normatives Konzept ‚Vernetzter Sicherheit‘, oder wie es dann auch immer heißen möge, kann ein Bezugspunkt und ein gutes Korrektiv in diesem Diskurs sein.

Autorin

Fouzieh Melanie Alamir, 1966 in Teheran/Iran geboren, ist Politikwissenschaftlerin und begann ihre berufliche Karriere als wissenschaftliche Mitarbeiterin an der Universität der Bundeswehr Hamburg und Dozentin an der Führungsakademie der Bundeswehr ab 1997 mit Schwerpunkt Internationale Politik und besonderem Fokus auf Regimetransformation, Sicherheitspolitik und NATO. Anschließend wechselte in 2002 für zwei Jahre ins Bundesministerium der Verteidigung, wo sie als Referentin in der Abteilung Militärpolitik für bilaterale Beziehungen zu Asien sowie für ressortübergreifende Sicherheitsfragen zuständig war.

Als Leiterin eines Sektorberatungsvorhabens bei der Deutschen Gesellschaft für Technische Zusammenarbeit (GTZ) agierte sie von 2004–2006 mit dem Thema Sicherheitssektorreform erstmals an der Schnittstelle zwischen Sicherheits- und Entwicklungspolitik. Als Programm Managerin „Vernetzte Sicherheit" bei der IABG mbH, einem privaten Technologie- und Beratungsunternehmen mit Schwerpunkt Sicherheit und Verteidigung, befasste sie sich von 2006–2011 primär mit Fragen der Koordination und verbessertem Schnittstellenmanagement zwischen Organisationen und Akteuren im nationalen und internationalen Krisenmanagement.

Nach einer Phase als selbständiger Consultant leitet Frau Alamir seit 2013 das Kompetenzcenter Sicherheitssektorreform bei der Deutschen Gesellschaft für Internationale Zusammenarbeit (GIZ).

Aufbauend auf langjährigen Erfahrungen in Forschung, Lehre und Ausbildung hat sie zahlreiche Artikel in Büchern und wissenschaftlichen Zeitschriften veröffentlicht. Seit Februar 2012 ist sie programmgebundenes Fakultätsmitglied des PhD Program on Conflict Management an der Kennesaw State University, Georgia/USA.

Sie hat einschlägige Erfahrungen als Beraterin verschiedener staatlicher Organisationen, u.a. war sie im Auftrag des Auswärtigen Amtes, des Verteidigungsministeriums, des Bundesministeriums für wirtschaftliche Zusammenarbeit und Entwicklung, der Bundeswehr sowie anderer Bevölkerungsschutz- und Entwicklungsinstitutionen tätig. Ihre projektgebundenen Engagements führten sie neben diversen einmaligen Kurzzeiteinsätzen u.a. nach Afghanistan, Aserbaidschan, Ghana, Kenia und Indonesien. Ende 2006 arbeitete sie als Political Advisor beim NATO Senior Civilian Representative im ISAF HQ Kabul.

Vor diesem Hintergrund ist sie sowohl mit zivilen als auch militärischen Denk- und Herangehensweisen im Rahmen von Peacebuilding und Krisenmanagement bestens vertraut. Darüber hinaus verbindet sie akademische Perspektiven mit Erfahrungen in der Ministerialverwaltung, in einer Umsetzungsorganisation sowie in der privaten Wirtschaft von der politisch-strategischen bis zur Projekt- bzw. taktischen Ebene im Einsatzland.

Die Bewertungen und Meinungen in diesem Buch spiegeln die persönlichen Ansichten der Autorin wider.

Carola Hartmann
Miles-Verlag

Politik, Gesellschaft, Militär

Uwe Hartmann, *Innere Führung. Erfolge und Defizite der Führungsphilosophie für die Bundeswehr,* Berlin 2007.

Hans Joachim Reeb, *Sicherheitskultur als kommunikative und pädagogische Herausforderung – Der Umgang in Politik, Medien und Gesellschaft,* Berlin 2011.

Hans-Christian Beck, Christian Singer (Hrsg.), *Entscheiden – Führen – Verantworten. Soldatsein im 21. Jahrhundert,* Berlin 2011.

Eberhard Birk, Winfried Heinemann, Sven Lange (Hrsg.), *Tradition für die Bundeswehr. Neue Aspekte einer alten Debatte,* Berlin 2012.

Angelika Dörfler-Dierken, *Führung in der Bundeswehr,* Berlin 2013.

Cornelia Fedtke, Kai-Uwe Hellmann, Jan Hörmann, *Migration und Militär. Zur Integration deutscher Soldaten mit Migrationshintergrund in der Bundeswehr,* Berlin 2013.

Wolf Graf von Baudissin, *Grundwert Frieden in Politik – Strategie – Führung von Streitkräften,* hrsg. von Claus von Rosen, Berlin 2014.

Wolf Graf von Baudissin, *Der Widerstand. „… um nie wieder in die auswegslose Lage zu geraten…",* hrsg. von Claus von Rosen, Berlin 2014.

Marcel Bohnert, Lukas J. Reitstetter (Hrsg.), *Armee im Aufbruch. Zur Gedankenwelt junger Offiziere in den Kampftruppen der Bundeswehr*, Berlin 2014.

Arjan Kozica, Kai Prüter, Hannes Wendroth (Hrsg.), *Unternehmen Bundeswehr? Theorie und Praxis (militärischer) Führung*, Berlin 2014.

Angelika Dörfler-Dierken, Robert Kramer, *Innere Führung in Zahlen. Streitkräftebefragung 2013*, Berlin 2014.

Eberhard Birk, Heiner Möllers (Hrsg.), *Luftwaffe und Luftkrieg*, Berlin 2015.

Jahrbuch Innere Führung

Uwe Hartmann, Claus von Rosen, Christian Walther (Hrsg.), *Jahrbuch Innere Führung 2009. Die Rückkehr des Soldatischen*, Eschede 2009.

Helmut R. Hammerich, Uwe Hartmann, Claus von Rosen (Hrsg.), *Jahrbuch Innere Führung 2010. Die Grenzen des Militärischen*, Berlin 2010.

Uwe Hartmann, Claus von Rosen, Christian Walther (Hrsg.), *Jahrbuch Innere Führung 2011. Ethik als geistige Rüstung für Soldaten*, Berlin 2011.

Uwe Hartmann, Claus von Rosen, Christian Walther (Hrsg.), *Jahrbuch Innere Führung 2012. Der Soldatenberuf zwischen gesellschaftlicher Integration und suis generis-Ansprüchen*, Berlin 2012.

Uwe Hartmann, Claus von Rosen (Hrsg.), *Jahrbuch Innere Führung 2013. Wissenschaften und ihre Relevanz für die Bundeswehr als Armee im Einsatz*, Berlin 2013.

Uwe Hartmann, Claus von Rosen (Hrsg.), *Jahrbuch Innere Führung 2014. Drohnen, Roboter und Cyborgs – Der Soldat im Angesicht neuer Militärtechnologien*, Berlin 2014.

Einsatzerfahrungen

Kay Kuhlen, *Um des lieben Friedens willen. Als Peacekeeper im Kosovo*, Eschede 2009.

Sascha Brinkmann, Joachim Hoppe (Hrsg.), *Generation Einsatz, Fallschirmjäger berichten ihre Erfahrungen aus Afghanistan*, Berlin 2010.

Artur Schwitalla, *Afghanistan, jetzt weiß ich erst… Gedanken aus meiner Zeit als Kommandeur des Provincial Reconstruction Team FEYZABAD*, Berlin 2010.

Uwe Hartmann, *War without Fighting? The Reintegration of Former Combatants in Afghanistan seen through the Lens of Strategic Thought*, Berlin 2014.

Rainer Buske, *KUNDUZ. Ein Erlebnisbericht über einen militärischen Einsatz der Bundeswehr in AFGHANISTAN im Jahre 2008*, Berlin 2015.

Erinnerungen

Blue Braun, *Erinnerungen an die Marine 1956–1996*, Berlin 2012.

Harald Volkmar Schlieder, *Kommando zurück!*, Berlin 2012.

Reinhart Lunderstädt, *Aus dem Leben eines Hochschullehrers. Persönlicher Bericht*, Berlin 2012.

Wulf Beeck, *Mit Überschall durch den Kalten Krieg. Mein Leben für die Marine*, Berlin 2013.

Jan Becker, *Aufgewühltes Wasser,* 3 Bde., Berlin 2014.

Heinz Dietrich Minkewitz, *An einem Sonnabend im Oktober,* Berlin 2014.

Klaus Grot, *So war's, damals. Dienstchronik eines Pionieroffiziers im Kalten Krieg 1954–1991,* Berlin 2014.

Rainer Buske, *Mein Vater – Vom Vorbild zum Despoten. Eine innere Abkehr,* Berlin 2015.

Standpunkte und Orientierungen

Daniel Giese, *Militärische Führung im Internetzeitalter – Die Bedeutung von Strategischer Kommunikation und Social Media für Entscheidungsprozesse, Organisationsstrukturen und Führerausbildung in der Bundeswehr,* Berlin 2014.

Dirk Freudenberg, *Auftragstaktik und Innere Führung. Feststellungen und Anmerkungen zur Frage nach Bedeutung und Verhältnis des inneren Gefüges und der Auftragstaktik unter den Bedingungen des Einsatzes der Deutschen Bundeswehr,* Berlin 2014.

Uwe Hartmann (Hrsg.), *Lernen von Afghanistan. Innovative Mittel und Wege für Auslandseinsätze,* Berlin 2015.

Monterey Studies

Uwe Hartmann, *Carl von Clausewitz and the Making of Modern Strategy,* Potsdam 2002.

Zeljko Cepanec, *Croatia and NATO. The Stony Road to Membership,* Potsdam 2002.

Ekkehard Stemmer, *Demography and European Armed Forces,* Berlin 2006.

Sven Lange, *Revolt against the West. A Comparison of the Current War on Terror with the Boxer Rebellion in 1900–01,* Berlin 2007.

Klaus M. Brust, *Culture and the Transformation of the Bundeswehr,* Berlin 2007.

Donald Abenheim, *Soldier and Politics Transformed,* Berlin 2007.

Michael Stolzke, *The Conflict Aftermath. A Chance for Democracy: Norm Diffusion in Post-Conflict Peace Building,* Berlin 2007.

Frank Reimers, *Security Culture in Times of War. How did the Balkan War affect the Security Cultures in Germany and the United States?,* Berlin 2007.

Michael G. Lux, *Innere Führung – A Superior Concept of Leadership?,* Berlin 2009.

Marc A. Walther, *HAMAS between Violence and Pragmatism,* Berlin 2010.

Frank Hagemann, *Strategy Making in the European Union,* Berlin 2010.

Ralf Hammerstein, *Deliberalization in Jordan: the Roles of Islamists and U.S.-EU Assistance in stalled Democratization,* Berlin 2011.

Ingo Wittmann, *Auftragstaktik,* Berlin 2012.

www.miles-verlag.jimdo.com